运输管理

YUNSHU GUANLI

主　编 ○ 陈国庆　　林　晶
副主编 ○ 周万森
参　编 ○ 蓝赛花　　陈胜蓝　　姚晓霏

西南交通大学出版社
·成都·

图书在版编目（CIP）数据

运输管理 / 陈国庆，林晶主编. —成都：西南交通大学出版社，2014.4
ISBN 978-7-5643-2998-3

Ⅰ. ①运… Ⅱ. ①陈… ②林… Ⅲ. ①物流—货物运输—管理—中等专业学校—教材 Ⅳ. ①F252

中国版本图书馆 CIP 数据核字（2014）第 059791 号

运输管理

主编　陈国庆　林　晶

责 任 编 辑	李芳芳
特 邀 编 辑	刘东霖
封 面 设 计	何东琳设计工作室
出 版 发 行	西南交通大学出版社
	（四川省成都市金牛区交大路 146 号）
发行部电话	028-87600564　028-87600533
邮 政 编 码	610031
网　　　址	http://press.swjtu.edu.cn
印　　　刷	成都蜀通印务有限责任公司
成 品 尺 寸	185 mm × 260 mm
印　　　张	11.75
字　　　数	294 千字
版　　　次	2014 年 4 月第 1 版
印　　　次	2014 年 4 月第 1 次
书　　　号	ISBN 978-7-5643-2998-3
定　　　价	28.00 元

图书如有印装质量问题　本社负责退换
版权所有　盗版必究　举报电话：028-87600562

前　言

目前物流业已被列入我国的十大产业振兴规划，正进入高速发展阶段。2012 年全国物流业增加值 3.5 万亿元，2012 年物流业增加值占 GDP 的比重为 6.8%，占服务业增加值的比重为 15.3%。现代物流已成为我国的一种新兴产业，为推动我国经济的进一步增长奠定了一定的基础。

物流运输活动是物流活动的主要组成部分，是物流的核心环节，不论是企业的输入物流还是输出物流，或者是流通领域的销售物流必须运输来实现商品的空间转移。如何搞好运输工作，开展合理运输，不仅关系到物流时间占用的多少，而且会影响到物流费用的高低。因此，提高物流运输的效率，不断降低物流运输费用，对于提高物流的经济效益和社会效益都有着重要作用。

本书根据教育部颁发《中等职业教育改革创新行动计划》（2010—2012 年）的文件精神，紧贴国家经济社会发展需求，结合产业发展实际，加强专业建设，规范专业设置管理，探索课程改革，创新教材建设，实现职业教育人才培养与产业。2012 年我校被教育部评为国家级中职示范建设单位，根据示范性建设的要求，积极贯彻《中等职业教育改革创新行动计划》文件的精神，积极编写任务驱动、岗位导向的教材，以适应工学结合的人才培养模式。

本书结合我国物流运输企业的实际情况，把物流管理相关理论与职能岗位工作实践紧密联系，系统分析和介绍了物流运输的基本概念、基本知识和基本运作，采取引导案例的形式，组织教材编写。设计为八大模块：运输概述、公路货物运输、铁路货物运输、水路货物运输、航空货物运输、特殊运输方式、特种货物运输、纠纷与保险。

本书以"工作过程为导向"的课程设计理念为指导方针，并结合中职学生特点，体现如下特色。

1. 以校企合作为依托，提升学生专业实践能力。我校已与多家企业签订了校企合作协议，在编写过程中，企业为本书提供大量的最新物流信息资料，从而能使内容更加丰富、切合实际，能让学生在学习过程中直接体验目前企业岗位的工作流程。

2. 阅读性更强。在本套教材中每个章节都设计了引导案例，穿插"想一想"，方便学生更容易投入本章节的学习，引导学生自主学习和独立思考，巩固学习成果。

3. 设计与理论知识相配套的技能实训任务。在每个模块，设计了技能考核内容，要求学生完成单元中要求的工作任务。主要的目的是增强课程的实用性，让学生学中做，做中学；通过技能考核任务的完成提高学生的社会实践工作能力。

4. 本书是我校骨干教师与企业高管人员联合主编的校企合作教材。教材中使用的素材参考了福州畅通（物流）企业管理有限公司、福建盛丰物流公司、安得物流股份有限公司、福建华威现代物流有限公司和福建飞远城市配送有限责任公司等知名物流公司相关岗位的实际工作流程。

该课程课时分配为 54 学时，教学过程采取校企合作、工学结合、教学做一体。在教学评价中突破期末考试定课程成绩的模式，加强平时考核，突出过程评价为主。

本书着重从操作层面出发，注重实务，适合于中等职业学校物流专业的专业教学使用，也适合于高职院校物流专业学习使用，以及物流行业的广大从业人员职业培训使用。

本书由福建省经济学校陈国庆（高讲）和林晶（讲师）担任主编，周万森博士担任副主编。全书编写分工如下：陈国庆：模块1、5；林晶：模块5、6；周万森：模块2、6；蓝赛花：模块3、4；陈胜蓝：模块4、7；姚晓霏：模块3、8。企业方参与指导编写的有福州畅通（物流）企业管理有限公司总经理周万森博士、福建盛丰物流公司副总经理唐大求及福建飞远城市配送有限责任公司经理曾良杰。

本书的编写得到周万森博士的热情指导，在此表示万分感谢。向本书的出版方西南交通大学出版社以及责任编辑表示衷心的感谢。本书参考了大量的物流文献资料，引用了一些专家学者的研究成果，编者尽可能在参考文献中列出，在此对文献的作者表示诚挚的敬意。

由于运输管理的理论在不断更新，加上编写的时间紧迫及水平所限，书中难免存在不妥之处，敬请专家和读者批评指正，以便修订。

编　者
2014年1月

目　录

模块一　运输概述 ·· 1
　　任务一　认识运输与物流 ·· 2
　　任务二　识别运输结点 ·· 6
　　任务三　了解运输合理化 ··· 12
　　本模块小结 ·· 17
　　拓展阅读 ··· 18
　　思考与练习 ·· 20

模块二　公路货物运输 ·· 22
　　任务一　认识公路货物运输 ··· 23
　　任务二　体验公路货物运输流程 ··· 29
　　任务三　理解公路运费核算 ··· 38
　　本模块小结 ·· 44
　　拓展阅读 ··· 44
　　思考与练习 ·· 46

模块三　铁路货物运输 ·· 48
　　任务一　认识铁路货物运输 ··· 49
　　任务二　体验铁路货物运输流程 ··· 54
　　任务三　理解铁路运费核算 ··· 62
　　本模块小结 ·· 67
　　拓展阅读 ··· 68
　　思考与练习 ·· 68

模块四　水路货物运输 ·· 71
　　任务一　认识水路货物运输 ··· 72
　　任务二　体验水路货物运输流程 ··· 77
　　任务三　理解水路运费核算 ··· 87
　　本模块小结 ·· 90
　　拓展阅读 ··· 90
　　思考与练习 ·· 91

模块五　航空货物运输 ··· 93
　　任务一　认识航空货物运输 ··· 93
　　任务二　体验航空货物运输流程 ··· 98
　　任务三　认识航空货运单证 ·· 103
　　任务四　理解航空货物运费核算 ·· 112
　　本模块小结 ·· 117
　　拓展阅读 ·· 117
　　思考与练习 ·· 118

模块六　特殊运输方式 ··· 120
　　任务一　认识多式联运 ·· 121
　　任务二　认识集装箱货物运输 ·· 129
　　任务三　认识特快专递运输 ·· 138
　　本模块小结 ·· 143
　　拓展阅读 ·· 144
　　思考与练习 ·· 144

模块七　特种货物运输 ··· 147
　　任务一　认识危险品运输 ·· 147
　　任务二　认识鲜活易腐货物运输 ·· 153
　　本模块小结 ·· 156
　　拓展阅读 ·· 157
　　思考与练习 ·· 157

模块八　纠纷与保险 ··· 160
　　任务一　了解运输纠纷 ·· 161
　　任务二　了解运输保险 ·· 163
　　本模块小结 ·· 177
　　拓展阅读 ·· 177
　　思考与练习 ·· 178

参考文献 ··· 181

模块一　运输概述

 引导案例

沃尔玛物流运输之路

沃尔玛公司是世界上最大的商业零售企业，在物流运营过程中，尽可能地降低成本是其经营的哲学。

沃尔玛有时采用空运，有时采用船运，还有一些货物采用卡车公路运输。在中国，沃尔玛百分之百地采用公路运输，所以如何降低卡车公路运输成本，是沃尔玛物流管理面临的一个重要问题，为此他们主要采取了以下措施：

1. 沃尔玛使用一种尽可能大的卡车，大约有16米加长的货柜，比集装箱运输卡车更长或更高。沃尔玛在卡车限载范围内，把卡车装得尽量满，产品从车厢的底部一直装到最高，这样非常有助于节约成本。

2. 沃尔玛的车辆都是自有的，司机也是公司的员工。沃尔玛的车队大约有5 000名非司机员工，有3 700多名司机，车队每周一次运输可达7 000~8 000千米。

沃尔玛知道，卡车运输是比较危险的，有可能会出交通事故。因此，对于运输车队来说，保证安全是节约成本最重要的环节。沃尔玛的口号是"安全第一，礼貌第一"，而不是"速度第一"。在运输过程中，卡车司机们都非常遵守交通规则。沃尔玛定期在公路上对运输车队进行调查，卡车上面都带有公司的号码，如果看到司机违章驾驶，调查人员就可以根据车上的号码报告，以便于进行惩处。沃尔玛认为，卡车不出事故，就是节省公司的费用，就是最大限度地降低物流成本。由于狠抓了安全驾驶，运输车队已经创造了300万千米无事故的纪录。

3. 沃尔玛采用全球定位系统对车辆进行定位，因此在任何时候，调度中心都可以知道这些车辆在什么地方，离商店有多远，还需要多长时间才能运到商店，这种估算可以精确到小时。沃尔玛知道卡车在哪里，产品在哪里，就可以提高整个物流系统的效率，有助于降低成本。

4. 沃尔玛连锁商场的物流部门，24小时进行工作，无论白天或晚上，都能为卡车及时卸货。另外，沃尔玛的运输车队还利用夜间进行运输，从而做到了当日下午进行集货，夜间进行异地运输，翌日上午即可送货上门，保证在15~18小时内完成整个运输过程，这是沃尔玛在速度上取得优势的重要措施。

5. 沃尔玛的卡车把产品运到商场后，商场可以将其整个地卸下来，而不用对每个产品逐个检查，这样就可以节省很多时间和精力，加快了沃尔玛物流的循环过程，从而降低了成本。这里有一个非常重要的先决条件，就是沃尔玛的物流系统能够确保商场所得到的产品是与发货单完全一致的产品。

6. 沃尔玛的运输成本比供货厂商自己的运输产品要低。所以厂商也使用沃尔玛的卡车来

运输货物，从而做到了把产品从工厂直接运送到商场，大大节省了产品流通过程中的仓储成本和转运成本。

沃尔玛的集中配送中心把上述措施有机地组合在一起，做出了一个最经济合理的安排，从而使沃尔玛的运输车队能以最低的成本高效地运行。

结合案例，通过本模块的学习，回答以下问题：
1. 什么是运输？与物流有什么关系？
2. 运输的作用有哪些？
3. 物流运输结点是什么？
4. 运输合理化形式有哪些呢？

任务一　认识运输与物流

 任务描述

福州学生小赵和舍友一起去超市买水果。同一般女生一样，她们对水果非常喜爱，当看到超市里琳琅满目的水果时，都开心极了，东看看西瞧瞧，忙个不停。大家都高兴地挑着自己喜爱的水果时，突然小赵看到小李手里提着一袋橘子，就不经意地叹了口气，说："我家里就种橘子，家里卖给商贩才一块多一斤，这里卖三块多，我也喜欢吃橘子，就是不舍得买。"小王深有感触地说："我是西安人，去年西安苹果才几毛钱一斤呢，这里还要五块多一斤呢。"小李就问："那为什么会这样呢？"这么一问，所有人都无言以对，是啊，这到底是怎么回事？

同学们，你们知道吗？

 任务目标

1. 了解运输活动与特点。
2. 理解运输的功能。
3. 识别运输与物流的关系。

 任务实施

一、知识准备

（一）运输的概念

1. 运输的定义

所谓运输是指用车、船、飞机等交通工具把旅客、货物等从一个地方运到另一个地方，

见图1.1。

《中华人民共和国国家标准——物流术语》（GB/T 18345—2001）对运输的定义是"用设备和工具，将物品从一地点向另一地点运送的物流活动。其中包括集货、分配、搬运、中转、装入、卸下、分散等一系列操作。"

图1.1 运输活动

2. 运输的特点

（1）运输具有生产的本质属性。

运输的生产过程是以一定的生产关系联系起来的、具有劳动技能的人们使用劳动工具（如车、船、飞机及其他设施）和劳动对象（货物和旅客）进行生产，并创造产品的生产过程。运输的产品，对旅客运输来说，是人的空间位移；对货物运输来说，是货物的空间位移。显然，运输是以改变"人和物"的空间位置为目的的生产活动，这一点和通常意义下以改变劳动对象物理、化学、生物属性为主的工农业生产不同。

（2）运输生产是在流通过程中完成的。

把产品从生产地运往消费地的活动也是运输的一种形式，因此从整个社会生产过程来说，运输是在流通领域内继续的生产过程，并在其中完成。

（3）运输产品是无形的。

运输生产不像工农业生产那样改变劳动对象的物理、化学性质和形态，而只改变劳动对象的空间位置，并不创造新的实物形态产品。因此，在满足社会运输需求的情况下，多余的运输产品或运输支出，都是一种浪费。

（4）运输产品属于边生产边消费。

工农业产品的生产和消费在时间和空间上可以完全分离，而运输产品的生产和消费不论在时间和空间上都是不可分离地结合在一起的，属于边生产边消费。

（5）运输产品的非储存性。

由于运输产品是无形的，不具有物质实体，又由于它的边生产边消费属性，因此运输产品既不能调拨，也不能存储。

（6）运输产品的同一性。

对不同的运输方式来说，虽然他们使用不同的运输工具，具有不同的技术经济特征，在不同的线路上进行运输生产活动，但它们对社会具有相同的效用，即都实现了物品的空间位移。运输产品的同一性使得各种运输方式之间可以相互补充、协调、替代，形成一个有效的综合运输系统。

> **想一想**：结合运输的特点，分析一下运输活动有没有创造价值？为什么呢？
>
> **小启示**：通过运输的特点，我们知道运输是无形的产品，它不改变劳动对象的物理、化学性质和形态，因此运输活动没有创造价值。但运输改变了劳动对象的空间位置，却使劳动对象的使用价值大幅度提升了。

（二）运输的功能

1. 产品转移

运输的主要功能就是使产品在价值链中来回移动，即通过改变产品的地点与位置，消除产品的生产与消费之间的空间位置上的背离，或将产品从效用价值低的地方转移到效用价值高的地方，创造出产品的空间效用。另外，因为运输的主要目的是以最少时间完成从原产地到规定地点的转移，使产品在需要的时间内到达目的地，创造出产品的时间效用。

> **想一想**：同学们，你们知道任务中的问题了吗？
>
> **小启示**：运输创造了时间效用和空间效用。

2. 产品储存

对产品进行临时储存也是运输的一项功能，即将运输车辆临时作为储存设施，见图1.2。然而，如果转移中的产品需要储存，短时间内（例如几天后）又将重新转移的话，那么该产品在仓库卸下来和再装上去的成本也许会超过储存在运输工具中每天支付的费用。在仓库空间有限的情况下，利用运输车辆储存也许不失为一种可行性的选择。这时运输车辆被用作一种临时储存设施，但它是移动的，而不是处于闲置状态。

图1.2 运输的储存功能

（三）运输与物流的关系

运输与物流之间存在着密切的联系，物流的全过程始终伴随着生产的全过程，而整个物流过程的实现，则始终离不开交通运输系统。运输的合理化更是降低物流成本的重要途径。因此，方便、快捷、高效、及时、准确、安全的交通运输系统是实现全球化、一体化、信息化的现代化物流的根本保证。运输与物流的关系主要体现在：

1. 运输服务是有效组织输入和输出物流的关键

企业的工厂、仓库与其供货厂商和客户之间的地理分布直接影响着物流的运输费用。因此，运输条件是企业选择工厂、仓库、配送中心等物流设施配置地点需要考虑的主要因素之一。

2. 运输影响着物流的其他构成因素

运输方式的选择决定着装运货物的包装要求。使用不同类型的运输工具决定其配套使用装卸搬运设备以及接收和发运站台的设计。企业库存储备量的大小，直接受运输状况的影响，发达的运输系统能够比较适量、快速和可靠地补充库存，以降低必要的储备水平。

3. 运输费用在物流费用中占有很大的比重

运输费用是最大的物流成本之一，以美国、加拿大公司 2011 年物流成本构成情况（见表1.1）分析，运输成本超过了总的物流成本的 1/3。组织合理运输，以最小的费用、较快的时间，及时、准确、安全地将货物从其产地运到销地，是降低物流费用和提高经济效益的重要途径之一。

表 1.1 美国、加拿大物流公司 2012 年物流成本构成情况表　　　单位：%

成本内容	美国物流公司	加拿大物流公司
客房服务/订单清关	7.8	8.2
仓　储	24.6	25.6
运　输	38.2	35.8
管　理	8.8	8.4
库存搬运	20.6	22.0

二、小组活动

（一）活动内容

学生自由选择一家物流运输公司，老师提供参考建议，并指定收集资料的具体内容，比如公司背景资料等，小组通过网络、报刊等媒介进行查询，将查到的资料进行整理，制作成幻灯片，与其他小组一起认识这家公司。

（二）活动安排

1. 以 4~6 人为一个小组。
2. 各小组制作 PPT 进行成果分享。
3. 准备时间为一个星期。

（三）活动要求

1. 资料收集要真实、充分。

2. PPT 制作精美。

3. 每个小组展示时间为 5 分钟。

（四）评　价

评分表

小组成员					
活动主题	物流运输公司了解				
评价标准	具体内容	分值	小组自评分	小组互评分	教师评分
	查阅资料的渠道多	20			
	资料真实、广泛	30			
	语言表达	20			
	课件制作效果好	30			
	合计	100			
教师评语					

任务二　识别运输结点

任务描述

　　学校组织物流专业学生去华威公路港物流园参观学习，小赵和舍友们早就准备好了笔记本和照相机；她们觉得这是一个不错的学习机会。到了物流园，华威物流部经理何先生带领着同学们参观园区并进行相关讲解，小赵和同学们一样对公路港物流园充满了好奇，将何经理讲的都认真地记在笔记本上。何经理说华威公路港物流园是一个物流运输的结点，主要作

用就是衔接运输、传递信息,小赵就纳闷了,什么是运输的结点呢?

任务目标

1. 识别物流结点。
2. 认识物流运输节点。

任务实施

一、知识准备

(一) 物流结点

物流结点又称物流节点,是物流网络中连接物流线路的结节之处,所以又称物流结节点,见图1.2.1。

对物品流通位移运动的程度进行观察,物流过程是由许多运动过程和相对停顿过程组成的。通常情况下,两种不同形式运动过程或相同形式的两次运动过程中都要有暂时的停顿,而一次暂时停顿也往往连接两次不同的运动。因此,物流过程便是由多次的运动、停顿、再运动、再停顿,直至达到最终目的所组成。与之相对应,物流网络结构是由两种基本元素所组成的——执行运动使命的线路和执行停顿使命的结点,全部的物流活动也是在线路和结点上进行的。其中在线路上进行的活动主要是运输,如陆路、水路、航空等;在结点上完成物流功能的其他要素。事实上物流线路上的活动也是靠结点组织和联系的,如果离开了结点,物流线路上的运动将陷入瘫痪状态。例如物流园区、公路港、货运场站、物流基地等。

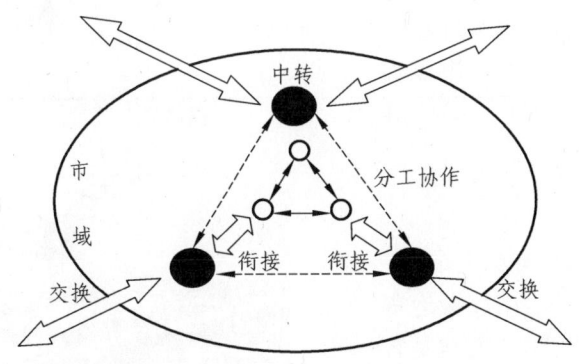

图1.3 物流结点

现代物流网络中的结点对优化整个物流网络起着重要作用,并且更多地执行指挥、调度和信息等中枢的职能,是整个物流网络的灵魂所在,因而更加受到人们的重视。

物流结点的主要功能有以下三项:

1. 衔接功能

物流结点将各个物流线路连接成一个系统，使各个线路通过结点变得更为贯通。它可以通过转换运输方式衔接不同的运输手段；可以通过简单加工、包装，衔接干线物流和配送物流；可以通过储存衔接不同时间的供应物流和需求物流；可以通过集装箱、托盘等集装处理衔接整个"门到门"运输。

2. 信息功能

物流结点是整个物流系统信息传递、收集、处理、发送的集中地。每个结点都是一个信息点，它与物流系统的信息中心结合起来，便成了指挥、管理和调度整个物流系统的信息网络。

3. 管理功能

物流系统的管理和指挥机构经常会集中设置于物流结点之中，因此物流结点成为集管理、指挥、调度、信息、衔接及货物处理为一体的物流综合设施。整个物流系统的运转的有序化和正常化，整个物流系统的效率水平取决于物流结点的管理水平。

> **想一想**：请举例有哪些物流结点？
> **小启示**：结合物流结点功能来思考。

（二）物流运输结点

运输节点是物流结点的一部分。由于现代物流发展了若干类型的结点，但目前尚无一个明确的分类意见，因此在此仅介绍运输转运型结点，它是处于运输线路上的结点，是货物的集散地，是各种运输工具的衔接点，是办理运输业务和运输工具作业的场所，也是运输工具的保养和维修基地。运输结点主要有铁路车站、汽车站（场）、港口、航空港和管道站等。

1. 铁路车站

铁路车站（见图1.4）习称火车站，是供铁路列车停靠的地方，用以搬运货物或让乘客乘车。早期的车站通常是客货两用。目前货运一般已集中在主要的车站，大部分的铁路车站都是在铁路的旁边，或者是路线的终点。部分铁路车

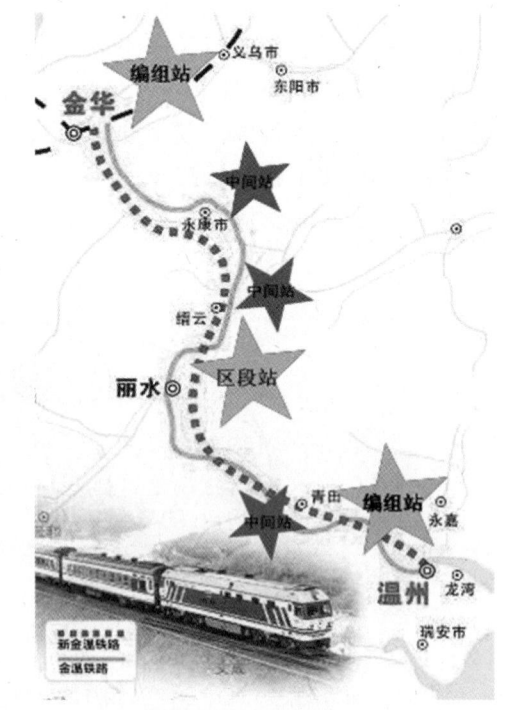

图1.4 铁路车站

站除了供乘客及货物上下外，亦有供机车及车辆维修或添加燃料的设施。如图1.5所示为铁路货运站。

铁路车站根据规模大小和作业状况分为中间站、区段站、编组站和货运站。

图1.5　铁路货运站

2. 汽车站（场）

汽车站（场）是保证车辆正常运行的营业场所，主要有以下两种。

1）停车场库

停车场库的主要功能是保管停放车辆。按其保管条件可分为暖式车库、冷式车库、车棚和露天停车场四类；按其空间利用程度可分为单层停车场和多层停车场，多层停车场通常需要配备供车辆发生垂直位移的斜道、旋转车道或升降机。停车场（库）内还要按照车辆回场后的工艺过程，设立清洗、例保、加油、检验等有关设备，以及必要的照明、卫生和消防设施。停车场如图1.6所示。

图1.6　停车场

2）汽车货运站

汽车货运站有时也称为汽车站或汽车场，其主要作用是安全、方便、及时地完成货物运输生产作业，如图1.7所示。它具有以下功能：货物运输组织管理功能；仓储与装卸功能；多式联运与运输代理功能；中转换装功能；辅助服务功能和通信信息功能。货运站的布局除了生产、生活用房外，主要是停车场的设置。大型汽车站还设有保养场、修理厂、加油站等，小型车站设有修车场和一、二级保养站。

图 1.7　汽车货运站

3. 港口

港口通常指水港，由水域和陆域两大部分组成。水域是供船舶进出港以及在港内运转、锚泊和装卸作业使用的，因此，要求它有足够的深度和面积，水面基本平静，流速和缓，以使船舶安全操作。陆域是供货物装卸、堆存和转运使用的，主要包括码头和泊位、仓库与堆场、铁道专用线和汽车线、装卸机械和辅助生产设施等部分，因此，要求陆域要有适当的高程、岸线长度和纵深。

港口按地理位置可分为海港、河港和湖港。

4. 航空港

航空港习惯称机场，具有执行客货运业务和保养维修飞机、起飞、降落或临时停机等用途，一般由飞行区、客货运输服务区和机务维修区三部分组成，如图 1.8 所示。机场的布局是以跑道为基础来安排的，并以此布置滑行道、停机坪、货坪、维修机坪以及其他飞机活动场所，我国最重要的空港有北京首都机场、上海虹桥机场、广州白云机场等。根据机场的通信导航设备、跑道灯光设备、目视助航设备、仪表着陆系统和雷达引航能力等条件，可以把机场分为不同的等级和进近着陆种类。

图 1.8　航空港

5. 管道站

管道站惯称输油（气）站，是对沿管道干线为输送油（气）品而建立的各种作业站（场）的统称，是给液流增加能量（压力），改变温度，提高液流流动性的场所。

二、小组活动

（一）活动内容

每个小组对物流运输结点中的港口进行讨论，搜索精美的港口图片，并说明哪个港口是海港、河港和湖港，并介绍每个港口的特点。

（二）活动安排

1. 以 4~6 人为一个小组。
2. 各小组制作 PPT 进行成果分享。
3. 准备时间为两天。

（三）活动要求

1. 图片广泛、精美。
2. 讲解生动。
3. 每个小组派一名代表讲解，时间为 5~8 分钟。

（四）评　价

评分表

小组成员					
活动主题	港口图片分享				
评价标准	具体内容	分值	小组自评分	小组互评分	教师评分
	讨论积极	30			
	图片广泛、精美	20			
	语言表达	20			
	内容的正确性	30			
	合计	100			
教师评语					

任务三　了解运输合理化

任务描述

花王公司是日本著名的日用生产企业，其物流不仅以完善的信息系统闻名，而且还拥有极为发达、相当合理的运输体系，其主要手段是建立公司独特的复合运输来优化各种运输方式及线路。花王公司复合运输的主要特征表现在自动仓库、特殊车辆、计划运输、组合运输等方面。花王公司的物流起点是工厂的自动化仓库。到20世纪70年代末，花王公司的所有工厂全部导入了自动化立体仓库，从而完全实现了自动化机械作业。商品从各工厂进入仓库时，所有商品采用平托盘装载，然后自动进行库存。出货时根据在线供应系统的指令，自动备货分拣，并装载在货车上。

同学们，花王公司的成功是建立在对不合理运输形式的改进上，那你们知道不合理的运输形式有哪些吗？应如何改进？

任务目标

1. 了解不合理运输形式。
2. 掌握运输合理化的措施。

任务实施

一、知识准备

（一）不合理运输的表现形式

不合理运输是在现有条件下可以达到的运输水平而未达到，从而造成了运力浪费、运输时间增加、运费超支等问题的运输形式。

1. 返程或起程空驶

空车无货载行驶，可以说是不合理运输最严重的形式。在实际运输组织中，有时候必须调运空车，从管理上不能将其看成不合理运输。但是，因调运不当、货源计划不周、不采用运输社会化而形成的空驶，是不合理运输的表现。造成空驶的不合理运输主要有以下几种原因：

（1）能利用社会化的运输体系而不利用，却依靠自备车送货提货，这往往出现单程重车、单程空驶的不合理运输。

（2）由于工作失误或计划不周，造成货源不实，车辆空去空回，形成双程空驶。

（3）由于车辆过分专用，无法搭运回程货，只能单程实车，单程回空周转。

2. 对流运输

对流运输亦称"相向运输"、"交错运输"，是指同一种货物，或彼此间可以互相代用而又不影响管理、技术及效益的货物，在同一线路上或平行线路上作相对方向的运送，而与对方运程的全部或一部分发生重叠交错的运输，如图1.9所示。

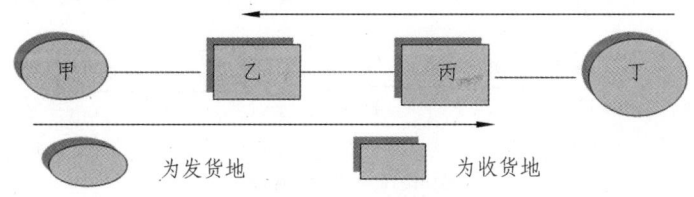

图 1.9　对流运输

3. 迂回运输

迂回运输是舍近取远的一种运输，可以选取短距离进行运输，但却选择路程较长路线进行运输的一种不合理形式，如图1.10所示。迂回运输有一定的复杂性，当计划不周、地理不熟、组织不当时易发生迂回运输现象。如果最短距离有交通阻塞、道路情况不好或有对噪声、排气等特殊限制而不能使用时发生的迂回，不能称不合理运输。

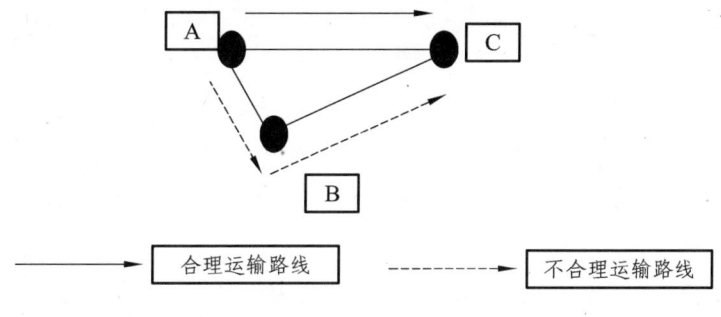

图 1.10　迂回运输

4. 重复运输

本来可以直接将货物运到目的地，但是在未达目的地之处，或目的地之外的其他场所将货卸下，再重复装运送达目的地，这是重复运输的一种形式。另一种形式是，同品种货物在同一地点一面运进，同时又向外运出。重复运输的最大毛病是增加了非必要的中间环节，这就延缓了流通速度，增加了费用，增大了货损。重复运输如图1.11所示。

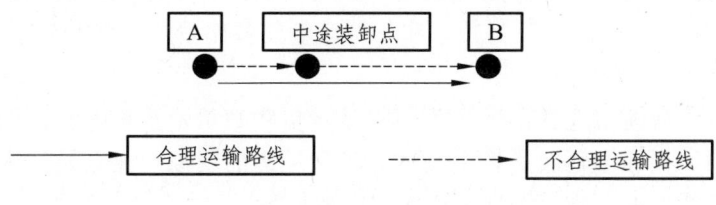

图 1.11　重复运输

5. 倒流运输

倒流运输是指货物从销地或中转地向产地或起运地回流的一种运输现象，如图1.12所示。其不合理程度要甚于对流运输，原因在于，往返两程的运输都是不必要的，形成了双程的浪费。倒流运输也可以看成是隐蔽对流的一种特殊形式。

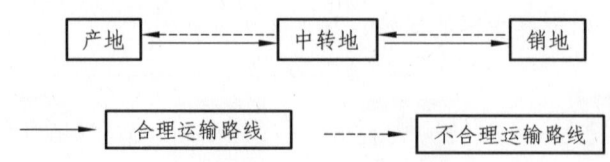

图 1.12　倒流运输

6. 过远运输

过远运输是指调运物资舍近求远，近处有资源不调而从远处调，这就造成可采取近程运输而未采取，拉长了货物运距的浪费现象。过远运输如图1.13所示。

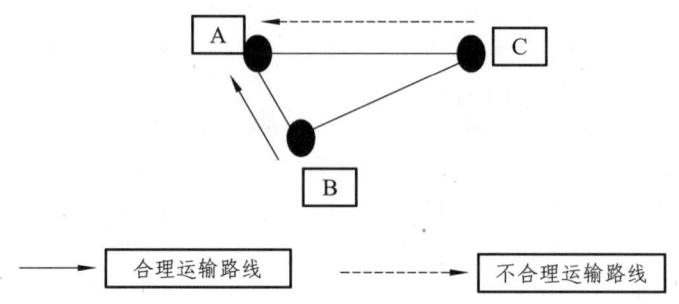

图 1.13　过远运输

7. 运力选择不当

（1）弃水走陆。在同时可以利用水运及陆运时，不利用成本较低的水运或水陆联运，而选择成本较高的铁路运输或汽车运输，使水运优势不能发挥。

（2）铁路、大型船舶的过近运输。不是铁路及大型船舶的经济运行里程却利用这些运力进行运输的不合理做法。主要不合理之处在于火车及大型船舶起运及到达目的地的准备、装卸时间长，且机动灵活性不足，在过近距离中利用，发挥不了运速快的优势。相反，由于装卸时间长，反而会延长运输时间。另外，和小型运输设备比较，火车及大型船舶装卸难度大、费用也较高。

（3）运输工具承载能力选择不当。不根据承运货物数量及重量选择，而盲目决定运输工具，造成过分超载、损坏车辆及货物不满载、浪费运力的现象。尤其是"大马拉小车"现象发生较多。由于装货量小，单位货物运输成本必然增加。

（二）运输合理化措施

1. 运输合理化五要素

影响物流运输合理化的因素很多，起决定作用的有五个方面，称作合理运输的"五要素"。

（1）运输距离。

运输过程中，运输时间、运输运费等若干技术经济指标都与运输距离有一定的正相关，运距长短是运输是否合理的一个最基本的因素。

（2）运输环节。

每增加一个运输环节，势必要增加运输的附属活动，如装卸、包装等，各项技术经济指标也会因此发生变化，因此减少运输环节对合理运输有一定的促进作用。

（3）运输工具。

各种运输工具都有其优势领域，对运输工具进行优化选择，最大限度地发挥运输工具的特点和作用，是运输合理化重要的一环。

（4）运输时间。

在全部物流时间中，运输时间占绝大部分，尤其是远程运输，因此，运输时间的缩短对整个流通时间的缩短起决定性的作用。此外，运输时间缩短，还有利于加速运输工具的周转，充分发挥运力效能，提高运输线路通过能力，不同程度地改善不合理运输。

（5）运输费用。

运费在全部物流费用中占很大的比例，运费高低在很大程度上决定整个物流系统的竞争能力。实际上，运费的相对高低，无论对货主还是对物流企业都是运输合理化的一个重要标志。运费的高低也是各种合理化措施是否行之有效的最终判断依据之一。

2. 运输合理化的措施

（1）合理选择运输方式。

各种运输方式都有各自的使用范围和不同的技术经济特征，选择时应进行比较和综合分析。首先，要考虑运输成本的高低和运行速度的快慢，甚至还要考虑商品的性质、数量的大小、运距的远近、货主需要的缓急及风险程度。

（2）合理选择运输工具。

根据不同商品的性质、数量选择不同类型、额定吨位及对温度、湿度等有要求的运输车辆。

（3）正确选择运输线路。

运输线路的选择，一般应尽量安排直达、快速运输，尽可能缩短运输时间，否则可安排沿路和循环运输，以提高车辆的容积利用率和车辆的里程利用率，从而达到节省运输费用、节约运力的目的。

（4）提高运输工具实载率。

充分利用运输工具的额定能力，减少车船空驶和不满载行驶的时间，减少浪费，从而求得运输的合理化。

物流配送的优势之一就是将多家需要的货和一家需要的多种货实行配装，以达到容积和载重的充分合理运用，比起以往自家提货或一家送货车辆大部分空驶的状况，是运输合理化的一个进展。在物流运输中，采用整车运输、合装整车、整车分卸及整车零卸等具体措施，都是提高实载率的有效措施。

（5）开展中短距离铁路公路分流，"以公代铁"的运输。

这一措施的要点是在公路运输经济里程范围内，或者经过论证，超出通常平均经济里程范围，也尽量利用公路。这种运输合理化的表现主要有两点：一是对于比较紧张的铁路运输，用公路分流后，可以得到一定程度的缓解，从而加大这一区段的运输通过能力；二是充分利用公路从门到门和在中途运输中速度快且灵活机动的优势，实现铁路运输服务难以达到的水平。

（6）尽量发展直达运输。

直达运输是追求运输合理化的重要形式，其对合理化的追求要点是通过减少中转过载、换载，从而提高运输速度，省却装卸费用，降低中转货损。直达的优势，尤其是在一次运输批量和用户一次需求量达到了一整车时表现最为突出。此外，在生产资料、生活资料运输中，通过直达，建立稳定的产销关系和运输系统，也有利于提高运输的计划水平，考虑用最有效的技术来实现这种稳定运输，从而大大提高运输效率。

（7）"四就"直拨运输。

"四就"直拨是减少中转运输环节，力求以最少的中转次数完成运输任务的一种形式。首先由管理机构预先筹划，然后就厂或就站（码头）、就库、就车（船）将货物分送给用户，而无须再入库了。

想一想：除了以上的合理化措施外，你还能想到哪些呢？

小启示：通过讨论分析进行补充。

二、小组活动

（一）活动内容

通过收集资料，针对运输合理化五要素，每个小组进行讨论，选出一个自己小组认为是合理化运输中最重要的要素。每个小组派出一名代表，对小组选择的要素进行阐述，说明小组选择的原因。

（二）活动安排

1．分成五个小组。

2．准备时间为一个星期。

（三）活动要求

1．讨论积极。

2．讲解生动。

3．内容翔实。

4．每个小组派一名代表讲解，时间为5~8分钟。

（四）评 价

评分表

小组成员					
活动主题	运输合理化五要素				
评价标准	具体内容	分值	小组自评分	小组互评分	教师评分
	讨论积极	30			
	图片广泛、精美	20			
	语言表达	20			
	内容的正确性	30			
合计		100			
教师评语					

本模块小结

通过本章的学习，理解物流运输的概念与基本功能，了解运输与物流的关系，掌握并会运用运输合理化措施。

所谓运输是指用车、船、飞机等交通工具把旅客、货物等从一个地方运到另一个地方。

运输的功能包括产品转移和产品储存。

物流结点的主要功能：衔接功能、信息功能和管理功能。

物流运输结点主要有铁路车站、汽车站（场）、港口、航空港和管道站等。

返程或起程空驶是不合理运输的最严重形式。

运输距离、运输环节、运输工具、运输时间和运输费用被称作合理运输的"五要素"。

拓展阅读

一、NEVAG 公司面对物流需求的变化的应对之策

1. NEVAG 公司发展简述

NEVAG 公司前身为梅克伦堡州运输交通公司（原译名），相当于我国的省级运输公司，成立于 1950 年，原为东德梅克伦堡州的国有运输企业，州内各个地区设有地区级分公司，主要从事州内客货运输，当时还拥有庞大的后勤部，包括从幼儿园、食堂到医院等各项机构和设施。

1990 年随着东、西德统一，原东德的国有企业受到极大冲击。首先，梅克伦堡州运输交通公司的客运业务被国家完全抽出，成立了国营梅克伦堡州公共交通公司；继而，公司主动将后勤剥离并社会化，只留下货运部门改制为股份有限公司，改名为 NEVAG，下辖的地区运输公司改为分公司，与母公司内部独立核算。

1993 年实行私有化，公司的大部分股份被史蒂勒斯（Stinnes）家族现款收购，史蒂勒斯先生担任董事会主席。公司由单纯的州货物运输公司，逐步发展为集运输、仓储、配送功能于一体的中型物流企业。

2. NEVAG 公司原有状况

注册资本：1 300 万欧元；

年利润：300 万欧元；

职工人数：440；

车辆数：220；

公司总部：梅克伦堡，即前波莫瑞州新勃兰登堡市；

主营业务：

（1）冷藏冷冻货物限时运输。欧洲境内：48 小时门到门；德国境内：24 小时门到门。

（2）冷藏冷冻货物仓储与配送服务。24 小时装载、卸货、发运。

（3）原料牛奶收集。

（4）多式联运及报关。

3. 私营后，该公司进行的一系列改革和发展的尝试

（1）抓住机遇，改制成功。

1990 年时，东德地区刚刚实行市场，NEVAG 并没有急于私有化，而是通过股份制，明确了产权、使用权和管理权，反而强化了公司从州级到地区级的主干组织和业务网络。正因为如此，1993 年才被史蒂勒斯家族所看中，出资收购。反观其他 5 个原东德州（原东德共有 6 个州）的运输公司，无一存活。

（2）集中力量设备更新，走专业化道路。

1993 年，通过私有化筹到资金后，及时更新车辆，将原有普通货车淘汰，大力发展大型专业化运输车队，如冷藏集装箱车、原料牛奶罐装冷藏车、深度冷冻集装箱车，这些车有很强的温度控制功能，冷藏车货箱温度保持在 $-4\ °C$ 以下，冷冻车 $-18\ °C$。由于车辆价值昂贵，每台车价值高于 10 万欧元，一般个人或小型运输公司难以购置，避免了在普通货物运输市场

的激烈竞争，保证了持续获得较高利润。

（3）看准物流客户需求，伴随客户一起成长。

1990年后，随着原西德地区的大型零售商向东扩张，NEVAG公司利用自己的设备和网络优势，承接了多家超市连锁商店，如阿尔迪（ALDI）、爱威（REWE）的奶制品配送服务，随着这些超市在东德地区的发展，NEVAG公司也垄断了原东德6州的原料奶和奶制品运输市场，业务范围发展到全欧洲，而阿尔迪也成为欧洲最大的连锁超市，其公司老板阿尔迪兄弟近年牢牢占据德国财富排名第一。

（4）资产管理与体制改革同步进行，资本滚动做大。

1990年改制和1993年私有化后，资产管理非但没有放松，反而由于产权、使用权、管理权的职责分明和长期稳定，设备得到了很好的保养和维修，现有车辆的70%是1993年、1994年购置的，运行性能良好。另外，在通过运输获得收益后，及时再投资修建冷藏仓库和冷冻仓库，发展仓储、配送、报关等一系列增值服务，完成了由一个州的运输公司向一个面向欧洲的现代化物流公司的质的飞跃。

二、拓展解读

运输是一种派生需求。在现代经济的发展中，尤其是随着现代物流的发展，运输业中的经营方式、经营理念、组织方式、运输技术和管理技术都在发生着较大的变化。

1. 运输经营管理的变化

（1）运输业务综合化。即从经营一种运输方式的业务发展成经营两种或两种以上相互衔接的运输方式的业务。

（2）储运一体化。物流服务的最大特点是将仓储、配送、运输一体化。日本的"住友"、"日通"等企业都是有名的物流企业，它们的储运网络几乎延伸到世界上所有经济活跃的地区。实践表明，运输业和仓储业结合起来加之合理有效的配送业务将具有更强的竞争力。

（3）运输组织服务专业化。运输企业更需要按照现代物流的要求，基于供应链的管理思想，向客户提供满足其个性化要求的优质服务。

2. 运输技术的变化

具体而言，就是采用先进的科学技术，不断改进运输设备及相关设施，运用现代管理科学成就，组织、协调输送系统的各组成要素，充分发挥物流输送的功能。主要表现为国际多式联运的产生和发展，使运输组织按照迅速、准确、安全、经济的要求为物流活动提供多样化的输送方式；运输工具的技术更新及相关技术在运输领域的应用，如集装箱的广泛利用、托盘的标准化、装卸机械的改进与新型开发以及GPS、GIS、条形码等新技术的应用为物流运输业带来了巨大的变革。

3. 信息技术的广泛应用及交通运输智能化

随着信息技术及计算机技术的发展和在交通运输业的应用，运输业的科技含量越来越高。信息系统已经成为组织活动的必要手段。如运输需求信息交换、订舱业务、车辆在途管理、货物管理等均需要信息系统的支持。没有这种系统，就不能准确地把握运输工具的信息，不能合理地安排运力,更不能随时掌握运输系统的状态,从而不能进行高效的运输活动。在海运领域,世界著名的航运公司都开发了自己的全球性信息网络系统平台。很多运输企业通过利用信息技术提高了作业效率,确保了运力的有效利用。如在快递企业里的条形码管理识别系统、自动分拣系统等。信息技术的利用将为企业带来强有力的竞争手段。

三、思 考

NEVAG公司分别在经营方式、经营理念、组织方式、运输技术和管理技术方面都采取了哪些应变之策?

思考与练习

一、单项选择题

1．所谓运输是指用车、船、飞机等交通工具把旅客（ ）等从一个地方运到另一个地方。
A.货物　　　　B.商品　　　　C.包裹　　　　D.集装箱

2．运输是用设备和工具,将物品从一地点向另一地点运送的物流活动。其中包括集货、分配、搬运、（ ）、装入、卸下、分散等一系列操作。
A.调度　　　　B.配送　　　　C.中转　　　　D.装卸

3．运输生产不像工农业生产那样改变劳动对象的物理、化学性质和形态,而只改变劳动对象的（ ）,并不创造新的实物形态产品。
A.保存时间　　B.空间位置　　C.物品形状　　D.包装形态

4．由于运输产品是无形的,不具有物质实体,又由于它的边生产边消费属性。因此运输产品既不能调拨,也不能（ ）。
A.存储　　　　B.配送　　　　C.包装　　　　D.分配

5．运输与物流之间存在着密切的联系,物流的全过程始终伴随着生产的全过程,而整个物流过程的实现,则始终离不开（ ）系统。
A.汽车　　　　B.交通运输　　C.飞机　　　　D.轮船

6．物流结点又称物流节点,是物流网络中连接物流（ ）的结节之处,所以又称物流结节点。
A.中心　　　　B.园区　　　　C.线路　　　　D.仓储

7．物流结点是整个物流系统信息传递、（ ）、处理、发送的集中地。
A.解析　　　　B.储存　　　　C.收集　　　　D.分析

8．运输结点主要有（ ）、汽车站（场）、港口、航空港和管道站等。
A.铁路车站　　B.飞机场　　　C.码头　　　　D.公交车站

9．铁路车站根据规模大小和作业状况分为（ ）、区段站、编组站和货运站。
A.起始站　　　B.中间站　　　C.终点站　　　D.仓储站

10．物流结点的主要功能:衔接功能、（ ）和管理功能。

A.运输功能　　　　B.存储功能　　　　C.信息功能　　　　D.配送功能

二、多项选择题

1. 所谓运输是指用车、船、飞机等交通工具把（　　）等从一个地方运到另一个地方。
A.旅客　　　　B.货物　　　　C.家具　　　　D.生活用品
2. 运输的功能包括（　　）。
A.产品包装　　B.产品转移　　C.产品储存　　D.产品配送
3. 物流结点的主要功能：衔接功能、（　　）和管理功能。
A.衔接功能　　B.信息功能　　C.管理功能　　D.配送功能
4. 物流运输结点主要有（　　）和管道站等。
A.铁路车站　　B.汽车站（场）　C.港口　　　　D.航空港
5. （　　）和运输费用被称作合理运输的"五要素"。
A.运输距离　　B.运输环节　　C.运输工具　　D.运输时间

三、填空题

1. 铁路车站根据规模大小和作业状况可以分为_____、_____、_____、_____。
2. 决定合理运输的五要素为_____、运输环节、_____、_____和运输费用。
3. 由于运输产品是无形的，不具有物质实体，又由于它的边生产边消费属性。因此运输产品既不能_____，也不能_____。
4. 运力选择不当主要有_____、_____、_____。
5. 运输的功能包括_____和_____。

四、简答题

1. 如何正确理解物流与运输的关系？
2. 哪些因素会导致不合理运输？
3. 简述运输合理化的措施。

模块二　公路货物运输

 引导案例

佛山市汽运集团的运输变革

佛山市汽运集团物流分公司的前身是一个零担货运站,在20世纪90年代初期,当时营运货车从过去几十辆减至八辆,车辆工作率只有30%,年营业收入100多万元,企业严重亏损。1994年以来,公司通过发展零担货运业务、组建货运中心、开展货物配载业务等举措,延伸传统货运的服务领域,大力发展第三方物流,将一个陷入困境的传统货运站发展为现代物流企业。公司现有员工300人,其中物流专业管理人才45人,拥有高标准物流仓库4万多平方米和先进的物流信息管理系统,去年的货运量近30万吨,营业额超过7 831万元,是佛山市规模较大的物流企业。现是中国物流联盟企业和国家交通部物流协会理事,佛山市政府拟将其列为本市的综合物流基地。

1994年初,佛山市汽运集团进行了经营机制改革,将原来的货运站进行重组,并调整了领导班子。当时摆在新领导班子面前的重要课题是如何发展货运。围绕这个问题,该公司对佛山市的货源及其运力情况进行了广泛的市场调查。

调查同时发现,由于外省车辆在市内自行配货、乱停乱放、阻碍交通、乱收费等冲击了货运市场;此外,有相当部分外省车辆回程空驶,运力浪费,据测算,每年因车辆空驶造成社会运力和能源浪费近千万元。

针对货运市场存在的问题,市政府主管部门为加强货运市场的宏观调控,提出了要建立一个统一、开放、公平、竞争、有序的货运市场,并着手大力开展货运市场的整顿。这为公司提供了一个很好的发展机遇,面对这样的机遇,建立一个体制健全、机制合理、功能完善、竞争公平的货运配载市场,让社会各种运力、货源进入市场配货、找车,便显得很有必要。于是,公司决定适应市场的变化,发挥本企业场地大、基础设施好、装卸能力强、业务基础好等优势,转换企业经营机制,开展货运配载业务。

2002年6月,公司在物流运作逐步规范的基础上,基于互联网新技术,又开发了B/S(浏览器/服务器)结构的物流信息系统。这套系统的功能包括了客户端电子商务系统、业务管理信息系统、系统管理维护三大主模块。由于任何信息系统都离不开数据,物流企业的信息化也同样离不开大量的物流数据。所以公司在开发信息系统时,首要考虑的问题是要采用什么样的技术手段实现对大量数据进行采集、分类、识读和传递,以避免出现"重流程,轻技术"的现象。建立物流信息系统,其核心作用在于:通过系统可以全面观察及控制整个物流系统的运行情况,即使客户在异地下单,在其发出收发货指令直至货物送达终端用户手中,客户

也可通过物流信息系统掌握货物在物流链中的相关信息,甚至在完成物流业务后系统能自动产生各种费用、配载和库存等报表,从而实现实时信息共享,大大提高物流系统运作的效率,降低运作成本。

结合案例,通过本模块的学习,回答以下问题:

1. 公路货物运输的特点是什么?
2. 什么是零担货物运输?
3. 公路整车运输与零担运输有何区别?
4. 货运运输的变化有哪些?
5. 物流信息系统包括哪些模块?

任务一　认识公路货物运输

任务描述

小赵和舍友从华威物流园参观学习完回来都兴奋得不得了,因为她们都没有看到过这么多的运输车辆,而且很多车都不认识。这不,她们拿着拍来的照片,聚在一起,边欣赏照片,边谈论开了。"这是什么车啊,不像集装箱车啊,运什么的啊?""听何经理说好像是冷藏车,运鱼虾等海鲜产品的,可贵了这车。""还有,这个呢?我站得远,那天何经理说的,我都没听清呢?"……

同学们,你们知道多少种货运车辆呢?

任务目标

1. 了解公路货物运输工具。
2. 了解公路货物运输的特点。

任务实施

一、知识准备

(一)公路货物运输工具

1. 普通货车

普通货车按载重量的不同可分为轻型、中型、重型三种,如图2.1所示。按有无车厢板分为平板车、标准挡板车和高挡板车。

（1）轻型货车。一般载重量在 2 吨以下，多为低货台，人力装卸较方便，主要用于市内集货、配送、宅配运输。

（2）中型货车。一般载重量在 2～8 吨，运用比较广泛。

（3）重型货车。载重量在 8 吨以上，一般是高货台，主要用于长途干线运输。

(a)　　　　　　　　　(b)　　　　　　　　　(c)

图 2.1　普通货车

2. 厢式货车

厢式货车具有载货车厢且有防雨、隔绝等功能，安全性好，可防止货物散失、盗失等，但由于自重较重，因此无效运输比例较高。厢式货车如图 2.2 所示。

（1）按货厢高度分为低货厢车和高货厢车两种。低货厢的货台在车轮位置有凸起，对装车有影响；高货厢底座为平板，虽不大适合人力装卸，但车上堆垛无障碍。

（2）按开门方式分为后开门式，侧开门式，两侧开门式，侧、后双开门式，顶开式和翼式等类型。后开门式适于后部装卸，方便手车、手推车等进入装卸，车货与站台接靠，占用站台位置较短，有利于多车辆装卸；侧开门适于边部叉车装卸，火车侧部与站台接触，占用站台长度较长；顶开式适于吊车装卸；翼式适于两侧同时装卸。

(a)　　　　　　　　　　　　　　　(b)

图 2.2　厢式货车

3. 专用车辆

专用车辆仅适于装运某种特定的、用普通货车或厢式车装运效率较低的货物。它的通用性较差，往往只能单程装运，因此运输成本高，如汽车运输车、油罐车、洒水车、混凝土搅拌车、垃圾车、粉粒物料运输车等，如图 2.3～2.7 所示。

图 2.3 汽车运输车

图 2.4 油罐车

图 2.5 洒水车

图 2.6 混凝土搅拌车

图 2.7 垃圾车

4. 自卸车

如图 2.8 所示，这种类型的车都是力求使运输和装卸有机结合，在没有良好的装卸设备的条件下，依靠本车附设设备可进行装、卸作业。如随车吊、尾部带自动升降板的尾板车、翻卸车等。

图 2.8　自卸车

5. 牵引车和挂车（见图 2.9）

牵引车又称拖车，是专门用以拖挂或牵引挂车的。牵引车可分为全挂式和半挂式两种。挂车本身没有发动机驱动，它是通过杆式或架式拖挂装置，由牵引车或其他的汽车牵引，而只有与牵引车或其他汽车一起组成汽车列车方能构成一个完整的运输工具。

挂车有全挂车、半挂车、轴式挂车（无车厢的挂车，俗称拖架）、集装箱挂车、箱式挂车、双面自卸半挂车以及重载挂车等类型。半挂车与半挂式牵引车一起使用，它的部分重量是由牵引车的底盘承受的；全挂车则由全挂式牵引车或一般汽车牵引；轴式挂车是一种单轴车辆，专用于运送长、大货物；重载挂车是大载货量的挂车，它可以是全挂车也可以是半挂车，专用于运送笨重特大货物，其载货量可达 300 吨。由于挂车结构简单，保养方便，而且自重小，在运输过程中使用挂车可以提高运送效率。牵引车与挂车组合在一起便形成了汽车列车。

图 2.9　牵引车和平板半挂车

> **想一想**：挂车与半挂车有什么区别？
> **小启示**：它们的连接方式有何不同，载重量哪个大，使用条件又有什么区别？

（二）公路货物运输的特点与分类

1. 公路货物运输的特点

公路运输是一种机动灵活、简捷方便的运输方式，在短途货物集散运转上，它比铁路、航空运输具有更大的优越性，尤其在实现"门到门"的运输中，其重要性更为显著。尽管其他各种运输方式各有特点和优势，但或多或少都要依赖公路运输来完成最终两端的运输任务。例如铁路车站、水运港口码头和航空机场的货物集疏运输都离不开公路运输。公路运输的优点具体体现在：

（1）空间的灵活性——可以实现"门到门运输"。
（2）时间的灵活性——实现即时随地运输，运输速度较快。
（3）服务上的灵活性——可以采用零担运输，也可以采用整车运输的方式。

但公路运输也具有一定的局限性，如：载重量小，不适宜装载重件、大件货物、不适宜走长途运输；车辆运行中震动较大，易造成货损货差事故，同时，运输成本费用较水运和铁路为高。

2. 公路货物运输的分类

在市场经济条件下，公路运输的组织形式一般有以下几种类别。

1）公共运输业

这种企业专业经营汽车货物运输业务并以整个社会为服务对象，其经营方式有：
① 定期定线。不论货载多少，在固定路线上按时间表行驶。
② 定线不定期。在固定路线上视货载情况，派车行驶。
③ 定区不定期。在固定的区域内根据货载需要，派车行驶。

2）契约运输业

按照承托双方签订的运输契约运送货物。与之签订契约的一般都是一些大的工矿企业，常年运量较大而又较稳定。契约期限一般都比较长，短的有半年、一年，长的可达数年。按契约规定，托运人保证提供一定的货物运输量，承运人保证提供所需的运力。

3）自用运输业

工厂、企业、机关自置汽车，专为运送自己的物资和产品，一般不对外营业。

> **想一想：** 公共运输型物流企业有哪些？请举例。
>
> **小启示：** 快递物流企业经营方式一般是定期定线，我国有哪些知名快递企业？零担货运企业经营方式定线不定期，请列举出有名的物流公司。

二、小组活动

（一）活动内容

各小组通过网络、报刊等媒介对公路运输车辆的图片进行采集，并对采集到的图片的车辆用途进行说明，制作成幻灯片进行展示并讲解。

（二）活动安排

1．以 4～6 人为一个小组。
2．各小组制作 PPT 进行成果分享。
3．准备时间为三天。

（三）活动要求

1．收集的公路运输车辆的图片种类越多越好。
2．PPT 制作精美。
3．每个小组展示时间为 5～8 分钟。

（四）评 价

评分表

小组成员					
活动主题	认识公路运输车辆				
评价标准	具体内容	分值	小组自评分	小组互评分	教师评分
	讨论积极	30			
	图片广泛、精美	20			
	语言表达	20			
	内容的正确性	30			
	合计	100			
教师评语					

任务二　体验公路货物运输流程

任务描述

小赵前几天从淘宝上帮她爸爸买了一件外套，今天收到了衣服，就想早点寄回家给爸爸，但不知道哪个快递公司会更快到，就问舍友。小李说："都差不多吧，流程都差不多，速度差不到哪里，你要寄回家，还是寄 EMS 吧，很多快递不到乡镇呢。"小赵听了小李的话就寄 EMS 了，但小赵对小李提到的流程很感兴趣，就去网上查资料了。

同学们，你们对公路货物运输流程感兴趣吗？让我们一起来了解吧。

任务目标

1. 了解公路货物运输的一般流程。
2. 了解公路整车托运的流程。
3. 了解零担货物托运流程。

任务实施

一、知识准备

（一）公路货物运输的一般流程

1. 下　单

托运人根据货物的情况（数量、体积、重量）向运输公司下达运输任务。下单的方式可由托运人以电话和传真提货单的形式完成，在这个过程当中，托运人需确切地通知运输公司货物的情况（结构、数量、体积、重量）以及提货的准确地址、提货时间、提货时的联系电话及担当人，以便运输公司完成运输任务，如托运人对提货有特别要求（提货车型的要求、提货时间的临时变更等）需及时通知运输公司，以便运输公司及时调整，有效完成运输任务。

2. 受　理

运输公司根据托运人下单提货通知，确定货物情况，根据货物的情况及提单要求合理安排提货车量，运输公司需注意货物运输的情况（数量、体积、重量）、提货时间、提货地点、提货车型及到货时间，合理安排，使运输的过程有效、安全、及时。

3. 提　货

提货人员到提货现场提货时注意货物的核对，注意提单与实际提货数量与型号的核对，尤其需要注意货物目的地，特别是在货物型号繁杂的情况下，要将目的地不同的货物以标签或标记区分，保证货物运输的准确。

提货时提货现场发现意外情况，如货物的实际数量与提单的数量、重量、型号不对时，要立即与公司业务受理人员联系，受理人员要与托运人确认，妥善处理。如发现货物的包装有破损时要即时与现场担当人反映，调换货物或在提单上注明破损情况。提货人员要根据货物的实际情况合理摆放货物，依据最基本的重货在下泡货在上原则，装车时应确认车辆在行驶途中货物不会倒塌损坏，确保货物在途的运输安全。

4. 运　输

调度人员在货物提回公司后要合理安排货物的发车时间，保证货物按照托运人的到货时间要求，安全、准确、及时地到达目的地。

5. 货物跟踪

运输公司需对所承运的货物及时进行跟踪，保证货物运输过程安全、及时、准确、有序。运输公司需将货物的在途运输信息及时告之托运人，如货物因突发事件不能及时到达目的地时，运输公司需及时通知托运人，以便采取相应的补救措施，尽量避免损失。

6. 签收回单

货物到达目的地，收货方对货物验收无误后，要及时签收回单，同时办事处人员将回单带回公司，运输作业完成。

（二）公路整车托运程序

1. 整车货物运输的概念

按我国公路运输部门规定，托运人一次托运的货物在 2.5 吨及以上，或虽不足 2.5 吨，但其性质、体积、形状需要一辆 2.5 吨以上车辆进行公路运输的，称为整车货物运输。

值得注意的是，判断一批货物是零担货还是整车货的依据不完全取决于货物数量、体积或形状的大小，还应考虑货物的性质，货物价值对运费的负担能力等因素，对于特种货物（包括集装箱货物），无论数量、体积、形状如何，承运人通常均不按零担货承运。

为明确运输责任，整车货物运输通常是一车一张货票、一个发货人。为此，公路货物运输企业应选派额定载重量（以车辆管理机关核发的行车执照上的标记的载重量为准）与托运量相适应的车辆装运整车货物。

整车运输一般不需要中间环节或中间环节很少，送达时间短，相应的货运集散成本较低。

2. 整车货物运输的一般流程

1）发送作业

货物在始发站的各项货运工作统称为发送作业，主要由受理托运、组织装车和核算制票三部分组成。

（1）货物托运。无论是货物交给汽车运输企业运输，还是汽车运输企业主动承揽货物，都必须由货主办理托运手续。托运手续是从托运人填写"托运单"开始。表 2.1 是常见托运单的格式。

表2.1 公路货物托运单样本

托运单位：_____　　　　承运单位：_____

电　　话：_____　　　　地　　址：_____

货物名称	包装式装	件数	每件体积（m³）长×宽×高	重量（千克）		托运总吨位	
				每件	最重件	实重吨	车辆吨

需要车辆数：
需要车种：
起运地：　　　　路　号
到达地：　　　　路　号
发货单位：
收货单位：
运到日期：
委托注意事项：
1._____
2._____
3._____
4._____
5._____
6._____

运输距离：　　　公里
运费人民币（大写）

经济责任：不按运输托运单规定的时间和要求配货发车的，由承运单位酌情赔偿损失；运输过程中货物灭失、短少、损坏，按货物的实际损失赔偿。托运方未按托运单规定的时间和要求提供托运的货物，应偿付承运方实际损失的违约金。由于货物包装缺损产生破损，造成人身伤亡，托运方应承担赔偿责任。

附：结算单据等

托运方：　　　（盖章）
　　　　年　　月　　日

承运方：
营业员（盖章）
　　　　年　　月　　日

（2）货物承运。承运，表明运输单位接收了托运人的委托，开始承担了运输责任。承运以签章返还托运人提交运单的"托运回执"联为凭。返还给托运人的运单"托运回执"联，具有协议书或运输合同的性质，受到法律的保护和约束。

货物承运并已装车完毕后，承运人应填制汽车运输货票。运输货票是向托运人核收运费的收据、凭证，也是收货人收到货物的证明。

（3）货物装卸。货物装车、卸车是货物始发或到达所不可缺少的作业。不论它是由托运人自理，还是由承运人承办，都应强化质量意识，杜绝或减少货损货差事故的发生。货物装卸时，货物承运人应监装监卸，保证装卸质量，并尽量压缩装卸作业时间。

2）途中作业

货物在运送途中发生的各项货运作业统称为途中作业,主要包括途中货物整理或换装等内容。为了方便货主,整车货物还允许途中拼装或分卸作业,考虑到车辆周转的及时性,对整车拼装或分卸应加以严密组织。

为了保证货物运输的安全与完好,便于划清企业内部的运输责任,货物在运输途中如发生装卸、换装、保管等作业,驾驶员之间、驾驶员与站务人员之间应认真办理交接检查手续。一般情况下交接双方可按货车现状及货物装载状态进行,必要时可按货物件数和重量交接,如接收方发现有异状,由交出方编制记录备案。

3）到达作业

货物在到达站发生的各项货运作业统称为到达作业,主要包括货运票据的交接、货物卸车、保管和交付等内容。

车辆装运货物抵达卸车地点后,收货人或车站货运员应组织卸车。卸车时,对卸下货物的品名、件数、包装和货物状态等应做必要的检查。

（三）公路零担货物托运程序

1. 零担货物运输的特点

托运人一次托运货物的质量不足 2.5 吨的为零担运输。

零担货物运输是货物运输方式中相对独立的一个组成部分,由于其货物类型和运输组织形式的独特性衍生出其独有的特点。一般而言,公路承运的零担货物具有数量小、批次多、包装不一、到站分散的特点,并且品种繁多,许多商品价格比较高。另一方面,经营零担运输需要库房、货棚、货场等基本设施以及与之配套的装卸、搬运堆码机具和苦垫设备。所以,这些基本条件的限定,使零担货物运输形成了自己独有的特点,概括地说表现在如下方面:

1）货源的不确定性和来源的广泛性

零担货物运输的货物流量、数量、流向具有一定的不确定性,并且多为随机性发生,难以通过运输合同方式将其纳入计划管理范围。

2）组织工作的复杂性

零担货物运输不仅货物来源、货物种类繁杂,而且面对如此繁杂的货物和各式各样的运输要求必须采取相应的组织形式,才能满足人们货运的需求,这样就使得零担货物运输环节多,作业工序细致,设备条件繁杂,对货物配载和装载要求高。

3）单位运输成本较高

为了适应零担货物运输的要求,货运站要配备一定的仓库、货棚、站台,以及相应的装卸、搬运、堆制的机具和专用厢式车辆。此外,相对于整车货物运输而言,零担货物周转环节多,更易于出现货损、货差,赔偿费用较高,因此,导致了零担货物运输成本较高。

4）适应于千家万户的需要

零担货物运输非常适合商品流通中品种繁多、小批量、多批次、时间紧迫、到站分散的特点。因此,它能满足不同层次人民群众商品流通的要求,方便大众物资生产和流动的实际需要。

5）运输安全、迅速、方便

零担货运由于其细致的工作环节与广泛的业务范围,和承担一定的行李、包裹的运输,其班车一般都有规定的车厢，所装货物不会受到日晒雨淋，一方面成为客运工作的有力支持者，同时体现了安全、迅速、方便的优越性。

6）零担货物运输机动灵活

零担货物运输都是定线、定期、定点运行，业务人员和托运单位对货运情况都比较清楚，便于沿途各站组织货源；往返实载率高，经济效益显著。对于经常性、时令性和急需的零星货物运输具有尤为重要的意义。

公路整车运输与零担运输业务运作对比见表2.2。

表2.2 公路整车运输与零担运输业务运作对比表

对比项目	整车运输	零担运输
承运人责任期间	装车/卸车	货运站/货运站
是否进站存储	否	是
货源与组织特点	货物品种单一，数量大，货价低，装卸地点一般比较固定，运输组织相对简单	货源不确定，货物批量小，品种繁多，站点分散，质高价贵，运输组织相对复杂
营运方式	直达的不定期运输方式	定线，定班期发运
运输时间长短	相对较短	相对较长
运输合同形式	通常预先签订书面运输合同	通常托运单或运单作为合同的证明
运输费用的构成与高低	单位运费率一般较低，仓储、装卸等费用分担，需在合同中约定	单位运费率一般较高，运费中往往包括仓储、装卸等费用

2. 零担货物托运程序

零担货运企业承托、仓储、配装、发送、交接零担货物，按照相关规定办理业务手续，统称为零担货物运输商务作业。零担货运商务作业是根据零担货运工作的特点，按照流水作业形式构成的一种作业方式。它的内容及程序是：受理、托运、过磅起票、验收入库，开票收费，配运装车，卸车保管、提货交付。

零担货物运输的作业流程如图2.10所示。

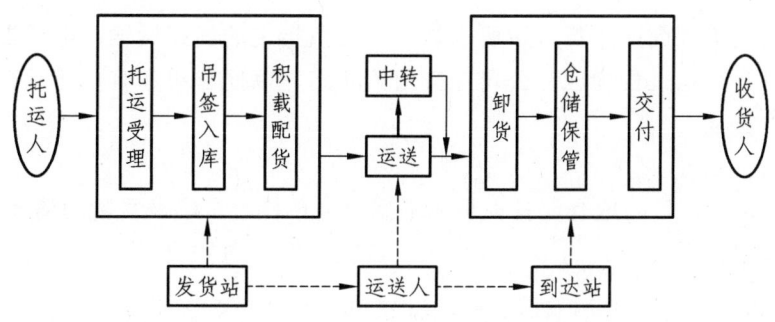

图2.10 零担货物运输的作业流程图

1）受理、托运

接单员接受托运人的运输委托，并根据货物信息制作了一份货物托运单，并由托运人填写完整并签字盖章。

接单员根据托运单检验货物,具体作业如下:

(1)核对运单:确保货物与托运单上的信息相符合。

(2)检查包装:看包装是否损坏,听有无异声,闻有无不正常的气味,摇动包装箱看是否有晃动。

(3)过磅量方:确保和托运单上填写的一致,并扣、贴标签、标志。

接单员对货物检验无误后,在托运单上签字盖章并提交给收款员,收款员根据托运人、接单员签字的货物托运单进行开票收费作业,运费一般采用先预付一部分费用,货到后在结清剩余的费用的结费方式。托运人预付运费后,收款人应提供发票或收据,并将托运单其中一联交由托运人存查。

托运单一式三联:一联财务存根,二联交由托运人存查,三联交由货运调度员制定货运单。

2)吊签入库

吊签入库是运输公司履行运输任务的开始。仓库管理员把好验收关,就能有效地杜绝差错。仓库管理员应对货物逐件查收,按指定货位堆放。经常检查仓库四周,对货物要检视核对、以票对货、票票不漏。

3)积载配货

配载是指对某一时段运送的货物,依据其性质、数量(体积)、流向、直达或中转等,按照一定的原则来安排适合吨位或容积的车辆装载的业务活动。在零担货物运输中常称为"积载配货"。其原则有:

➢ 性质或灭火方法相抵触的货物严禁在一车;
➢ 重不压轻;
➢ 先装远、后装近;
➢ 急件先与、先托先运;
➢ 受力均匀、不偏重。

货运调度员根据所有托运单,按照运输线路一致、运输车型匹配的货物进行积载配货,制定货运单,备注运输线路,安排车辆进行运输。公路运输货运单如表2.3所示。

4)运 输

司机根据货运单到仓库提货,按要求装车,并按指定的线路运输,电话告知收货人预计到达时间。司机在运输过程中应与公司保持通信状态,以便公司和客户随时查询货物运输动态,并注意运输安全。

5)到 达

货物运输到达后,目的地仓储管理员应根据货运单检查车辆及货物的情况,并按单收货。卸车后按货物的属性及收货人的不同等分区将货物入库,通知收货人提货,并对货物保管直至收货人提货完成。

6)交 付

收货人提货时,凭托运单提取货物,并支付剩余的运费。公司收回托运单,并严格按照托运单上的信息发放货物,不得有错。

表 2.3 公路运输货运单范本

公路运输货运单

起运日期： 年 月 日　　　　　　　　　　　　　　　　编号：

| 承运人： | 地址邮编： | 传真电话： | 车牌号： | 车型： |

| 托运人： | 地址： | 电话： | 转货地点： |

| 收货人： | 地址： | 电话： | 转货地点： |

货物名称及规格	包装形式	体积	件数	实际重量	计费重量	计费里程	货运周转量	货物等级	运价率	运费金额	报价保险	其他费用
合计												

货物运单签订地	结算方式		币种		运杂费合计	万 千 百 拾 元 角 分

| 特约事项 | 1. 承运单位不开拆检验，如运到时包装完好，货物出现短缺，承运方不负全部责任；
2. 承运单位必须按委托单位要求，按时运抵目的地，（途中堵车、车出故障等因素外），并交接好手续，如收货人拒收，其责任由委托方负责；
3. 委托方对货物重量（体积）如有隐瞒或夹带易燃易爆等违禁物品所造成的经济损失由委托方负责；
4. 委托方对货物应主动参加运输保险，如货物未投保，客观原因所造成的损耗由委托方自理；
5. 在货物运输过程中，如出现货物破损、受潮、残缺等人为造成的损失均由承运方负责；
6. 托运人办理货物运输，应当向承运人准确表明收货人的名称或姓名或凭指示的收货人，货物的名称、规格、型号、性质、重量、数量、收货地点等有关货物运输的必要情况；
7. 承运人运输货物实行接单交接，对包装内部承担保证之责，在提货时包装完好的货物，视为承运人已经按照承运单的记载完成运输任务；
8. 托运人对贵重物品应参加保险（每件价值在 300 元以上），凡无保险、无保价运输的货物发生灭失最高按 300 元以内赔偿，发生货损每件最高按运费 3 倍理赔，承运人不承担任何间接理赔责任；
9. 货物到站后承运人应及时通知收获，收货人在接到通知之日起三日内凭有效证件提货，超过限定时间每天加收运费的 10%作保管费，超过 30 天按无主论处，代收货款或提货时付运费的，提货人不履行义务，承运人有权将该批货物留置；
10. 本单视为合同，双方签字生效，具有经济合同之效力，望双方共同遵守 |

托运人签章或运输合同编号：	年 月 日
承运人签章：	年 月 日
收货人签章：	年 月 日

二、小组活动

（一）活动背景

某物流有限公司组织零担运输，从上海到北京，每隔两天发一次车，车辆信息如表2.4所示。本次运输货物有康师傅方便面、旺旺雪饼、心相印卷纸、长城干葡萄酒、罐装王老吉、娃哈哈矿泉水。具体信息如表2.5所示。运输时间为2~3天。请问该物流有限公司将如何开展这次运输任务？

表2.4　此次运输货物信息表

车辆品牌	东风	车辆类型	厢式货车	吨位		8吨
长	5 600 mm	生产日期	2008年10月1日	车况		良好
宽	2 200 mm			保险金额		
高	2 300 mm	购买日期	2009年1月10日	有	无	险金（元/年）
容积	29 m³	年检日期	2013年5月1日	√		8 000

表2.5　此次运输货物信息表

品名	质量/kg	体积/m³	件数/件	发货方	收货方
康师傅方便面	5	0.040	150	上海食品厂	北京A超市
旺旺雪饼	3	0.040	90	上海食品厂	北京A超市
心心相印卷纸	3	0.040	180	上海日用品制造厂	北京B超市
长城干葡萄酒	8	0.035	100	上海饮料供应商	北京C超市
罐装王老吉	10	0.030	250	上海饮料供应商	北京C超市
娃哈哈矿泉水	5	0.035	200	上海饮料供应商	北京C超市

（二）活动内容

小组自制货物托运单、货运清单，小组各成员进行角色扮演（见表2.6），结合零担货物运输流程，通过小组讨论，合理安排车辆完成运输任务，最终形成文本提交。

表2.6　角色扮演详情表

货运角色	工作职责	备注
托运人	提供托运货物	可由1人扮演
收货人	签收货物	
接单员	受理业务、填写托运单	
收款员	填制收据（发票）	
调度员	车辆人员线路安排、积载配货	建议2人扮演
仓管员	过磅量方、扣贴标签、标志	可由1人扮演
货运司机	货物运输	

（三）活动安排

1．以 6～7 人为一个小组，进行角色扮演。
2．成果以报告文本形式提交。
3．准备时间为三天。

（四）活动要求

1．小组合作，具有团队精神。
2．流程正确，单据完整合理。
3．完成运输任务，效果以是否符合配载原则为评价标准。

（五）评　价

评分表

小组成员					
活动主题	公路零担货物运输模拟					
评价标准	具体内容	分值	小组自评分	小组互评分	教师评分
	小组合作，具有团队精神	30			
	流程正确，单据完整合理	40			
	完成运输任务，符合配载原则	30			
合计		100			
教师评语					

任务三　理解公路运费核算

任务描述

小赵被安排到厦门一家公路货运公司实习,今天公司接到一份货运订单,某客户要求从福州往上海运送一车根雕,共 6.5 吨,回程带回 1.8 吨红酒,公司报价整车运输 1.08 元/(t·km),零担货物运输 0.001 68 元/(kg·km),运杂费 5.2 元/km。公司有 3 吨、8 吨和 20 吨货车若干。小赵按照运输合理化原则对此次运输任务进行运费核算(里程查表 2.9)。

同学们,你们能不能完成这项任务呢?

任务目标

1. 了解公路货物运输费用计算的步骤。
2. 掌握公路货物运输费用的计算公式。

任务实施

一、知识准备

（一）公路货物运输费用计算的步骤

1. 基本概念

公路运费均以"元/吨千米"为计算单位,一般有两种计算标准:一是按货物等级规定基本运费费率;二是以路面等级规定基本运价。凡是一条运输路线包含两种或两种以上的等级公路时,则以实际行驶里程分别计算运价。特殊道路,如山岭、河床、原野地段,则由承运双方另议商定。

公路运费费率分为整车(FCL)和零担(LCL)两种,后者一般比前者高 30%~50%。按我国公路运输部门规定,一次托运货物在两吨半以上的为整车运输,适用整车费率;不满两吨半的为零担运输,适用零担费率。凡一千克重的货物,体积超过 4 立方分米的为轻泡货物或尺码货物。整车轻泡货物运费适用整车费率;零担轻泡货物,按每 4 立方分米体积折合一千克计算,适用零担费率。此外,还有包车费率,按车辆使用时间计算。

2. 计算步骤

公路运输费用的计算步骤见图 2.11。

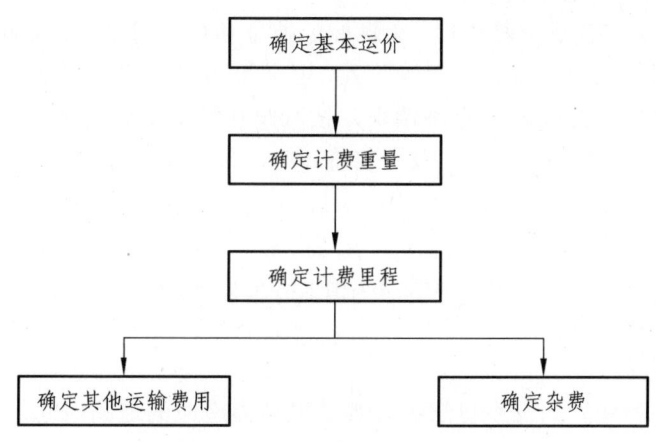

图 2.11 公路运输费用计算步骤

3. 注意事项

（1）确定运价时的注意事项见表 2.7。

表 2.7 确定运价时的注意事项

货物	等级（一等/级）	等级（二等/级）	等级（三等/级）
普通	基础运价	基础运价×（1+15%）	基础运价×（1+30%）
特种	基础运价×（1+40%） 基础运价×（1+60%）	基础运价×（1+60%） 基础运价×（1+80%）	——
危险	基础运价×（1+60%） 基础运价×（1+80%）	基础运价×（1+40%） 基础运价×（1+60%）	——
贵重、鲜活	基础运价×（1+40%）	基础运价×（1+60%）	——
快速	基础运价×（1+40%）	——	——

（2）计费重量的注意事项见表 2.8。

表 2.8 计费重量的注意事项

计费形式	计费单位	整车货物	零担货物
一般货物	毛重	吨以下至 100 千克	计费重量为 1 千克
轻泡货物	333 千克/m^2	按车辆标记吨位计算	1 m^2 折合 333 千克
包车运输	——	按车辆标记吨位计算	——
散装货物	——	按体积折算	——

（3）计费里程。

计费单位以千米为单位，里程请参考《全国主要城市间公路里程表》（见表 2.9）。

（4）其他费用。

① 调车费。

应托运人要求，车辆调往外省、自治区、直辖市或调离驻地临时外出驻点参加营运，调车往返空驶者,可按全程往返空驶里程、车辆标记吨位和调出省基本运价的50%计收调车费。在调车过程中,由托运人组织货物的运输收入,应在调车费内扣除;经承托双方共同协商,可以核减或核免调车费;经铁路、水路调车,按汽车在装卸船、装卸火车前后行驶里程计收调车费;在火车、船期间包括车辆半年及待装待卸时,每天按8小时、车辆标记吨位和调出省计时包车运价的40%计收调车延滞费。

② 装货(箱)落空损失费。

应托运人要求,车辆开至约定地点装货(箱)落空造成的往返空驶里程,按其运价的50%计收装货(箱)落空损失费。

③ 道路阻塞停运费。

汽车货物运输过程中,如发生自然灾害等不可抗力造成的道路阻塞,无法完成全程运输。需要就近卸存、接运时,卸存、接运费用由托运人负担,已完运程收取运费;未完运程不收运费;托运人要求回运,回程运费减半,应托运人要求绕道行驶或改变到达地点时,运费按实际行驶里程核收。

④ 车辆处置费。

应托运人要求,运输特种货物、非标准箱等需要对车辆改装、拆卸和清理所发生的工料费用,均由托运人负担。

⑤ 车辆通行费。

车辆通过收费公路、渡口、桥梁、隧道等发生的收费,均由托运人负担,其费用由承运人按当地有关部门规定的标准代收代付。

⑥ 运输变更手续费。

托运人要求取消或变更货物托运手续,应核收变更手续费。因变更运输,承运人已发生的有关费用,应由托运人负担。

⑦ 延滞费。

车辆按约定时间到达约定的装货或卸货地点,因托运人或收货人责任造成车辆和装卸延滞,计收延滞费。

⑧ 车辆托运费。

在运输过程中国家有关检疫部门对车辆的检验费以及因检验造成的车辆停运损失,由托运人负担。

⑨ 装卸费。

货物装卸费由托运人负担。

⑩ 保管费。

货物运达后,明确由收货人自取的,从承运人向收货人发出提货通知书的次日起计,第四日开始核收货物保管费;应托运人的要求或托运人的责任造成的,需要保管的货物,计收货物保管费。货物保管费由托运人负担。

(二)公路货物运输费用计算公式

1. 整批货物运费计算

(1)整批货物运价按货物运价价目计算。

(2)整批货物运费计算公式:

整批货物运费=吨次费×计费重量+整批货物运价×计费重量×计费里程+货物运输其他费用

在实际制定运价时，考虑到短途运输中始发地、终止地作业成本的实际支出，另加一项"吨次费"，作为公路货物运价的组成部分。但就是这样，它在基本运价中所占的比重也很小。

【例1】福州某批发市场李四通过公路运输托运一批日用百货，重4 538 kg，承运人公布的一级普货费率为1.2元/（t·km），吨次费为16元/t，该批货物运输距离为360 km，日用百货为普货二级，途中通行收费145元，计算李四应支付运费多少？

计算：货物重量超过2.5吨，应采用整车运输，运用整批货物运费计算公式计算。日用百货为普货二级，公路运输费率应加价15%。

所以李四应支付运费 F = 4.5×1.2×（1+15%）×360+16×4.5+145=2 235.6+72+145
= 2 453（元）

2. 零担货物运费计算

（1）零担货物运价按货物运价价目计算。

（2）零担货物运费计算公式：

零担货物运费=计费重量×计费里程×零担货物运价+货物运输其他费用

【例2】福州某批发市场张三通过公路运输托运518 kg阳澄湖大闸蟹到南平某高级酒店，承运人公布的一级普货零担运输费率为0.001 8元/（kg·km），该批货物运输距离为250 km，大闸蟹为鲜活二级，途中通行收费86元，计算张三应支付运费多少？

计算：张三应支付运费 F = 518×0.0018×（1+60%）×250+86=459（元）

3. 计时包车运费计算

（1）包车运价按照包用车辆的不同类别分别制定。

（2）包车运费的计算公式：

包车运费=包车运价×包用车辆吨位×计费时间+货物运输其他费用

【例3】王五包用运输公司一辆5吨货车，6小时运输货物，包车运价为12元/（t·h），应王五要求对车辆进行了改装，发生工料费120元，包用期间发生通行费70元，行驶里程总计136 km，请计算王五应支付多少运费？

计算：王五应支付运费 F = 2×5×6+120+70=550（元）

4. 运费单位

运费以元为单位，运费尾数不足一元时，四舍五入。

二、小组活动

（一）活动背景

针对上一节小组活动中完成运输任务，现知道该公司零担货物运输费率为0.001 68元/（kg·km），运杂费5.2元/km，货物按二级普货计算。运输里程见表2.9。

（二）活动内容

小组根据运费计算步骤与公式，通过查表，对上个小组活动运输任务进行运费计算，计算步骤与结果形成文本提交。

（三）活动安排

1．以 6~7 人为一个小组。

2．成果以文本形式提交。

3．准备时间为一天。

（四）活动要求

1．小组合作，具有团队精神。

2．注意计算中的相关要求。

3．计算完整、准确。

（五）评　价

评分表

小组成员						
活动主题	公路零担货物运输模拟					
评价标准	具体内容	分值	小组自评分	小组互评分	教师评分
	小组合作，具有团队精神	30			
	查表正确	20			
	计算规范、合理、正确	50			
	合计	100			
教师评语					

表 2.9 全国主要城市间公路里程表（单位：km）

	北京	天津	沈阳	长春	哈尔滨	济南	合肥	南京	上海	杭州	南昌	福州	石家庄	郑州	武汉	长沙	广州	南宁	西安	兰州	西宁	乌鲁木齐	成都	贵阳	昆明	太原	呼和浩特	银川
天津	118																											
沈阳	717	704																										
长春	1032	1019	315																									
哈尔滨	1392	1379	675	360																								
济南	457	347	1051	1366	1726																							
合肥	1106	996	1700	2015	2375	649																						
南京	1141	1031	1735	2050	2410	684	162																					
上海	1490	1380	2084	2399	2759	1033	511	349																				
杭州	1493	1383	2087	2402	2762	1036	514	352	213																			
南昌	1609	1499	2203	2518	2878	1152	503	665	837	624																		
福州	2257	2147	2851	3166	3256	1800	1172	1116	1107	894	725																	
石家庄	279	333	996	1311	1671	314	954	989	1338	1341	1406	2131																
郑州	722	734	1438	1753	2113	434	649	746	1095	1098	963	1688	443															
武汉	1224	1276	1941	1897	2212	2572	512	674	919	875	432	1157	974	531														
长沙	1782	1837	2499	1814	3122	1285	904	1066	1223	1010	405	1130	1366	923	392													
广州	2478	2374	3078	3393	3753	2027	1378	1540	1653	1440	875	985	2199	1756	1225	833												
南宁	2657	2597	3301	3616	3976	2297	1861	2023	2195	1982	1358	1714	2378	1935	1404	1012	729											
西安	1224	1276	1941	2256	2616	976	987	1149	1498	1501	1298	2023	945	542	866	1200	2033	2073										
兰州	1253	1193	1897	2212	2572	893	1667	1840	2189	2192	2714	1688	1157	1504	1233	1891	2724	439	691									
西宁	1645	1585	2289	2604	2964	1285	1902	2064	2413	2416	2938	2714	1457	1728	1457	2115	2948	2663	915	224								
乌鲁木齐	3820	3875	4852	5160	3705	3716	3878	4227	4230	4752	4027	3271	3542	3595	3929	4764	4477	2729	2038									
成都	2161	2213	2878	3193	3553	1913	2004	2166	2411	2367	1924	2649	1882	1479	1492	1752	2200	1491	937	1084	1308	3122						
贵阳	2618	2630	3334	3649	4009	2270	1806	1968	2121	1908	1303	2028	2339	1896	1377	957	1359	650	1789	2013	827	841						
昆明	3228	3280	3945	4260	4620	2907	2471	2633	2786	2573	1968	2691	2949	2546	2014	1622	1706	977	2402	4216	1094	714						
太原	503	557	1220	1535	1895	538	1144	1213	1562	1565	1458	2183	224	495	1026	1418	2251	2430	721	1280	1504	3318	1658	2144	2725			
呼和浩特	578	696	1295	1610	1918	1035	1684	1719	2068	2071	2047	2772	813	1084	1615	2007	2840	3019	1152	1204	1428	3242	2089	2575	3156	589		
银川	1253	1371	1970	2285	2593	1433	1667	1829	2178	2181	1978	2703	1119	1206	1546	1880	2713	2753	680	529	753	2567	1613	2103	2684	895	675	

本模块小结

通过本章的学习，了解公路运输的特点，认识公路运输工具，理解公路货物运输的流程，掌握公路货运费用核算。

普通货车按载重量的不同可分为轻型、中型、重型三种；按有无车厢板分为平板车、标准挡板车和高挡板车。

厢式货车具有载货车厢且有防雨、隔绝等功能，安全性好，可防止货物散失、盗失等，但由于自重较大，因此无效运输比例较高。

公路运输是一种机动灵活、简捷方便的运输方式，在短途货物集散运转上，它比铁路、航空运输具有更大的优越性，尤其在实现"门到门"的运输中的重要性更为显著。

在市场经济条件下，公路运输的组织形式一般有公共运输业、契约运输业以及自用运输业三种。

公路货物运输的一般流程：接单、登记、调用安排、车队交接、提货发运、在途追踪、到达签收、回单、运输结算。

公路运费均以"元/（t·km）"为计算单位，一般有两种计算标准：一是按货物等级规定基本运费费率，二是以路面等级规定基本运价。

拓展阅读

1．掌握高速公路网

国家高速公路网采用放射线与纵横网格相结合布局方案，由 7 条首都放射线、9 条南北纵线和 18 条东西横线组成，简称为"7918"网，总规模约 8.5 万千米，其中主线 6.8 万千米，地区环线、联络线等其他路线约 1.7 万千米。

2．掌握首都的放射线

7 条：北京－上海，北京－台北，北京－港澳，北京－昆明，北京－拉萨，北京－乌鲁木齐，北京－哈尔滨。

3．掌握南北纵线

9 条：鹤岗－大连，沈阳－海口，长春－深圳，济南－广州，大庆－广州，二连浩特－广州，包头－茂名，兰州－海口，重庆－昆明。

4．掌握东西横线

18 条：绥芬河－满洲里、珲春－乌兰浩特、丹东－锡林浩特、荣成－乌海、青岛－银川、青岛－兰州、连云港－霍尔果斯、南京－洛阳、上海－西安、上海－成都、上海－重庆、杭州－瑞丽、上海－昆明、福州－银川、泉州－南宁、厦门－成都、汕头－昆明、广州－昆明。

5. 熟悉高速公路网的补充

国家高速公路网此外还包括辽中环线、成渝环线、海南环线、珠三角环线、杭州湾环线共等5条地区环线,2段并行线和37段联络线。

6. 公路建设

《交通运输"十二五"发展规划》里表示,到2015年,公路总里程达到450万千米,国家高速公路网基本建成,高速公路总里程达到10.8万千米,覆盖90%以上的20万以上城镇人口城市,二级及以上公路里程达到65万千米,国、省道总体技术状况达到良等水平,农村公路总里程达到390万千米。

7. 货运事故处理地相关规定

(1)当事人要求另一方当事人赔偿的有效期限,从货物开票之日起,不得超过六个月。须提出赔偿要求书,并附运单、货运事故记录和货物价格证明等文件。要求退还运费的,还应附运杂费收据。另一方当事人应在收到赔偿要求书的次日起,60日内作出答复。

(2)货物损失赔偿费包括货物价格、运费和其他杂费。赔偿分限额赔偿和实际损失赔偿两种。法律、法规对赔偿责任限额有规定的按规定执行;尚未规定赔偿责任限额的按货物的实际损失赔偿。

(3)在保价运输中,货物全部灭失按货物保价声明价格赔偿;货物部分毁损或灭失,按实际损失赔偿;货物实际损失高于声明价格的按声明价格赔偿;货物能修复的,按修理费加维修取送费赔偿。保险运输按投保人与保险公司商定的协议办理。

(4)由于承运人责任造成货物灭失或损失,以实物赔偿的,运费和杂费照收;按价赔偿的,退还已收的运费和杂费。被损货物尚能使用的,运费照收。丢失货物赔偿后,又被查回应送还原主,收回赔偿金或实物;原主不愿接受失物或无法找到原主的,由承运人自行处理。

(5)由托运人直接委托站场经营人装卸货物造成货物损坏的,由站场经营人负责赔偿;由承运人委托站场经营人组织装卸的,承运人应先向托运人赔偿再向站场经营人追偿。货物运输途中,发生交通肇事造成货物损坏或灭失,承运人应先行向托运人赔偿,再由其向肇事的责任方追偿。

对货物赔偿价格,按实际损失价值赔偿。如货物部分损坏,按损坏货物所减低的金额或按修理费用赔偿。

8. 公路运输常用货车品牌及尺寸(见表2.10)

表2.10 公路运输常用货车品牌及尺寸

品牌	载重/t	尺寸/mm	功率/W
福田欧曼	17	9 450×2 300×2 500	290
解放奥威	17.54	6 000×2 500×3 200	258
东风天龙	18	5 990×2 500×3 030	169
中国重汽斯太尔王	18	6 170×2 480×3 058	221
东风柳汽龙卡	23	6 670×2 495×3 200	213
江淮格尔发	15.95	9 980×2 545×3 800	132
德龙	39	6 130×2 490×3 810	320
东风日产柴金拇指	16.49	5 705×2 493×3 110/3 134	192
卡车斯堪尼亚R114GA4*2NZ380	36	5 910×2 500×3 350	280

思考与练习

一、单项选择题

1. 轻型货车。一般载重量在（　　）吨以下，多为低货台，人力装卸较方便，主要用于市内集货、配送、宅配运输。
   A. 2　　　　　B. 3　　　　　C. 1.5　　　　　D. 2.5

2. 中型货车，一般载重量在（　　）吨，运用比较广泛。
   A. 2~6　　　　B. 1.5~6　　　C. 1.5~8　　　　D. 2~8

3. 重型货车。载重量在（　　）吨以上，一般是高货台，主要用于长途干线运输。
   A. 6　　　　　B. 7　　　　　C. 8　　　　　　D. 9

4. （　　）属于专用车辆。
   A. 汽车运输车　B. 翻斗车　　　C. 小货车　　　　D. 牵引车

5. 公路货物运输的特点为空间的灵活性、（　　）的灵活性、服务上的灵活性。
   A. 地理位置　　B. 时间　　　　C. 运输　　　　　D. 装卸

6. 公路运费均以"（　　）"为计算单位。
   A. 元/（t·km）　B. 元/km　　　C. 元/车　　　　D. 元/t

7. 公路运费费率分为整车（FCL）和零担（LCL）两种，后者一般比前者高（　　）。
   A. 20%~40%　　B. 30%~50%　　C. 20%~50%　　　D. 40%~60%

8. 托运人一次托运的货物在（　　）吨（含***吨）以上，或虽不足（　　）吨，但其性质、体积、形状需要一辆（　　）吨以上车辆进行公路运输的，称为整车货物运输。
   A. 2.0　　　　B. 2.5　　　　C. 3.0　　　　　D. 1.5

9. 货物在始发站的各项货运工作统称为发送作业，主要由（　　）、组织装车和核算制票三部分组成。
   A. 受理托运　　B. 货物跟踪　　C. 货物装卸　　　D. 签收回单

10. 应托运人要求，车辆开至约定地点装货（箱）落空造成的往返空驶里程，按其运价的（　　）计收装货（箱）落空损失费。
    A. 30%　　　　B. 40%　　　　C. 50%　　　　　D. 60%

二、多项选择题

1. 普通货车按载重量的不同可分为（　　）；按有无车厢板分平板车、标准挡板车和高挡板车。
   A. 轻型　　　　B. 中型　　　　C. 重型　　　　　D. 超重型

2. 厢式货车具有载货车厢且有防雨、（　　）等功能，安全性好，可防止货物散失、盗失等，但由于自重较重，因此无效运输比例较高。
   A. 密封　　　　B. 防雨　　　　C. 隔绝　　　　　D. 保温

3. 在市场经济条件下，公路运输的组织形式一般有（　　）、契约运输业以及自用运输业三种。
  A．公共运输业 B．契约运输业 C．自用运输业 D．航空运输业
 4．公路货物运输的一般流程：（ ）、提货发运、在途追踪、到达签收、回单、运输结算。
  A．接单   B．登记   C．调用安排 D．车队交接
 5．下列车辆属于专用车辆的有（ ）。
  A．汽车运输车 B．油罐车   C．洒水车   D．混凝土搅拌车

三、填空题

1．轻型货车一般载重量在_____吨以下。
2．公路运输的优点具体体现在_____灵活性、_____灵活性、_____灵活性。
3．公路运输的组织形式一般有_____、_____和_____三种。
4．电话通知收货客户预达时间是公路货物运输一般流程中_____步骤的任务。
5．托运人一次托运的货物在 2.5 吨（含 2.5 吨）以上，或虽不足 2.5 吨，但其性质、体积、形状需要一辆 2.5 吨以上车辆进行公路运输的，称为_____运输。
6．凡一千克重的货物，体积超过_____立方分米的为轻泡货物或尺码货物。

四、简答题

1．零担货物运输的特点是什么？
2．运输费用中其他费用有哪些？
3．计算任务三任务描述中的运输费用。
4．请简要编制货运单的表格并填写主要内容。

模块三 铁路货物运输

引导案例

蒙牛打造快速物流系统

物流运输是乳品企业重大挑战之一。蒙牛目前的触角已经伸向全国各个角落,其产品远销到香港、澳门,甚至还出口东南亚。蒙牛要如何突破配送的瓶颈,把产自大草原的奶送到更广阔的市场呢?目前,蒙牛产品的运输方式主要有两种:汽车和火车集装箱。其中火车集装箱运输作为最主要的运输方式。

由于巴氏奶和酸奶的货架期非常短,巴氏奶仅 10 天,酸奶也不过 21 天左右,而且对冷链的要求非常高。从牛奶挤出运送到车间加工,直到运到市场销售,全过程巴氏奶都必须保持在 0～4 ℃,酸奶则必须保持在 2～6 ℃储存。这对运输的时间控制和温度控制提出了更高的要求。

为了能在最短的时间内、有效的存储条件下,以最低的成本将牛奶送到商超的货架上。在火车集装箱运输方面,蒙牛与中铁集装箱运输公司开创了牛奶集装箱"五定"班列这一铁路运输的新模式。"五定",即"定点、定线、定时间、定价格、定编组","五定"班列定时、定点,一站直达有效地保证了牛奶运输的及时、准确和安全。

2003 年 7 月 20 日,首列由呼和浩特至广州的牛奶集装箱"五定"班列开出,将来自于内蒙古的优质牛奶运送到了祖国大江南北,打通了蒙牛的运输"瓶颈"。目前,蒙牛销往华东华南的牛奶 80% 依靠铁路运到上海、广州,然后再向其他周边城市分拨。现在,通过"五定"列车,上海消费者在 70 个小时内就能喝上草原鲜奶。

结合案例,通过本模块的学习,回答以下问题:
1. 铁路运输有什么优点?
2. 铁路运输方式除了集装箱运输,还有哪些方式?
3. 铁路运输应具备什么条件?
4. 怎么实现铁路运输,包含哪些流程?
5. 怎么计算铁路货物运输的费用?

任务一　认识铁路货物运输

任务描述

某运输物流公司接到了运输 55 万吨矿石的项目，地点从山西运往上海。运输部门经理组织部门成员展开讨论，以确定哪种最优的运输方式。根据运输的任务量、运输距离等，最终选择了铁路运输方式，并且制定了详细的运输方案。

同学们，该方案会涉及哪些方面？

任务目标

1. 识别铁路货物运输工具。
2. 了解各类运输工具的用途。
3. 了解铁路运输方式的特点。

任务实施

一、知识准备

（一）铁路运输概况

1. 铁路运输的含义

铁路运输，乃一种陆上运输方式，以两条平行的铁轨引导，见图 3.1。它适宜于担负远距离的大宗客、货运输的重要运输方式。在我国这样一个幅员辽阔、人口众多、资源丰富的大国，铁路运输不论在目前甚至在可以预见的未来，都是综合交通运输网络中的骨干和中坚。

图 3.1　铁路运输

2. 铁路运输的产生与发展

铁路是 19 世纪发展起来的运输工具，在世界各国被广泛地运用于长距离、大运量的客货运输。第二次世界大战以后，汽车在技术上获得了关键性的突破，各国政府有鉴于汽车将广泛地被使用的前景，而纷纷投入大量资金修筑完善公路系统，以促进经济发展。而在铁路方面，由于长期以来的垄断，使得服务水准每况愈下，再加上铁路的方便性和灵活性不及公路，因而逐渐遭到各国政府的漠视，在这些不利因素影响下，铁路运输营运量曾经大幅度减退。1964 年，日本建成了世界上第一条时速 200 km 的高速铁路，高速列车的行驶克服了传统铁路在行车速度上的限制，从而使铁路业者重新找回了希望。目前，铁路运输方式在城市公共交通方面日渐受到重视，这是因为城市土地面积有限，但人口却日渐增加，汽车所带来的拥挤、噪声、空气污染等严重地影响了市民的生活质量，所以很多先进国家的政府一致认为，要彻底解决城市交通问题，非采用低污染、大运量的城市轻轨交通系统不可，而城市轻轨交通系统正是由传统铁路发展而来的。由于城市轻轨交通系统具有专用路权，能提供迅速且大量的运输服务，因此被认为是目前解决城市交通拥挤问题的最有效的方法之一。

3. 铁路运输工具

铁路机车是铁路运输的基本动力，铁路车辆是运输货物的工具。车辆本身没有动力装置，无论是客车还是货车，都必须把许多车辆连接在一起编成一列，由机车牵引才能运行。

1）铁路机车

铁路上使用的机车种类很多，按照牵引动可将铁路机车分为蒸汽机车、内燃机车和电力机车。在现代铁路运输中，蒸汽机车牵引已逐渐被其他新型牵引形式所取代。

（1）内燃机车。

内燃机车是以内燃机作为原动力的一种机车，如图 3.2 所示。它一般由动力装置、传动装置、车体与车架、走行部、辅助设备、制动装置和车钩缓冲装置等部分组成。内燃机车具有起动和加速快、运行路线长、通过能力大、单位功率重量轻、劳动条件好、可实现多机连挂牵引等优点。

（2）电力机车。

电力机车是靠其顶部升起的受电弓从接触网上取得电能，并转化成机械能牵引列车的一种机车。电力机车由电器设备、车体与车架、走行部、制动装置和车钩缓冲装置等部分组成，如图 3.3 所示。电力机车具有功率大、高速行驶、爬坡性能强、容易实现多机牵引等优点，更适合坡度大、隧道多的山区铁路和繁忙干线运输。

图 3.2　内燃机车

图 3.3　电力机车

2）铁路车辆

铁路车辆按用途分为可分为客车和货车两大类，货车又可分为棚车、敞车、平车、砂石车、罐车和保温车等多种类型，如图3.4～3.9所示。

图 3.4 棚车

图 3.5 敞车

图 3.6 平车

图 3.7 保温车

图 3.8 砂石车

图 3.9 罐车

> **想一想**：以上各类货车都适合运送什么货物？
> **小启示**：结合货车的外观特点来思考。

（二）铁路运输的特点

1. 铁路运输的优点

（1）适应性强。

依靠现代科学技术，铁路几乎可以在任何需要的地方修建，可以全年全天候不停地运营，受地理和气候条件的限制很少。

（2）运输能力大。

铁路是大宗货物通用的运输方式之一，能够负担大量的运输任务。每一列车载运货物的能力远比汽车和飞机大得多，双线铁路每昼夜通过的货物列车可达百余对，因而其货物运输能力每年单方向可超过 1 亿吨。

（3）安全性好。

众所周知，在各种现代化交通运输方式中，按所完成客、货周转量计算的事故率，铁路运输发生的事故率是很低的。随着先进技术的发展和采用，铁路运输的安全程度越来越高。

（4）列车运行速度较高。

货车的行驶速度可达 100 km/h。

（5）能耗小。

铁路运输每千吨公里消耗标准燃料为汽车运输的 1/11～1/15，为民航运输的 1/174，但是指标都高于沿海和内河运输。

（6）环境污染程度小。

相对于公路运输和航空运输，铁路运输对环境和生态平衡的影响程度较小，特别是电气化铁路的影响更少。其排放的废气对环境的污染是汽车的 1/30，造成的噪声也比公路运输小。

（7）运输成本较低。

一般来说，铁路的单位运输成本比公路运输和航空运输要低得多，有的甚至比内河航运还低。其成本一般是汽车运输成本的 1/7～1/17，是民航成本的 1/97～1/267。

2. 铁路运输的缺点

（1）始建投资大，建设周期长。

在基础设施建设时期，需要投入大量的资金，单线每公里造价为 300 万～700 万元，复线造价更高。且一条铁路建设周期长，需要 5～10 年。

（2）灵活性差。

受轨道线路的限制，铁路运输不能改变其营运路线，从而不能实现"门到门"的运输等。

综合考虑以上因素，铁路适合于在内陆地区运送长距离、大运量、时间长、可靠性高的一般货物。在没有水运条件的地区，几乎所有大批量货物均依靠铁路进行运输。

> **想一想**：请简述我国铁路发展以来取得了哪些历史性成就？
> **小启示**：例如中国第一条铁路——唐胥铁路、新中国第一条电气化铁路——宝成铁路、世界海拔最高的铁路——青藏铁路等。

二、小组活动

（一）活动内容

每组派代表将小组选择的运输工具向全班展示，见表 3.1。

表 3.1　为以下运输任务选择运输工具

货物	起点	终点
5 000 吨煤炭	大同	秦皇岛
10 000 吨砂石	江西	厦门
45 吨鲜果	上海	乌鲁木齐
10 吨植物油	广东	福州

（二）活动安排

1．以 4~6 人为一个小组。
2．通过查阅相关资料，以选择出最合适的运输方式。
3．准备时间 2 天。
4．成果以文本形式提交。

（三）活动要求

1．讨论仅限小组成员间。
2．讨论时间 30 分钟。
3．对所选运输方式阐述理由。

（四）评　价

评分表

小组成员					
活动主题	识别各类铁路货物运输工具				
评价标准	具体内容	分值	小组自评分	小组互评分	教师评分
	讨论是否积极	20			
	查阅的资料翔实	20			
	所选运输方式合理性	30			
	语言表达	30			
	合计	100			
	教师评语				

任务二　体验铁路货物运输流程

任务描述

2012年，福州某中职学校物流专业老师为了了解铁路货物运输的基本流程，带领学生们到福州火车站实地参观货物运输的现场流程，在那里，同学们了解到了货物的发送和到达过程，如货物的托运、受理等，但货物在途中是如何操作的？

同学们，你们知道货物途中作业的流程吗？

任务目标

1. 了解铁路货物运输的条件。
2. 熟悉铁路货物运输的基本作业流程。
3. 掌握铁路货物托运的作业步骤。

任务实施

一、知识准备

（一）铁路货物运输的条件

铁路货物运输种类，即铁路货物运输方式。按照我国铁路技术装备条件，现行的货物运输种类分为整车、零担和集装箱。整车适于运输大宗货物；零担适于运输小批量的零星货物；集装箱则适于运输精密、贵重、易损的货物。

1. 铁路整车运输的条件

一批货物的重量、体积或形状需要以一辆以上货车运输的（用集装箱运输除外），即属于整车运输。有些货物，虽然重量、体积不够一车，但其性质、形状需要单独使用一辆货车时，也应该整车运输。

下列货车规定限按整车办理运输：

（1）需要冷藏、保温或加温运输的货物。

（2）规定限按整车运输的危险货物。

（3）易于污染其他货物的污秽品。

（4）蜜蜂。

（5）不易于计算件数的货物。

（6）未装容器的活动物。

（7）一件货物重量超过 2 吨、体积超过 3 m³ 或长度超过 9 m 的货物（经发站确认不影响中转站和到站装卸作业的除外）。

2. 铁路零担货运的条件

一批货物的重量、体积、性质或形状，不需要以一辆铁路货车装运的运输形式称为零担运输。零担货物运输的基本条件主要有：

（1）一件货物体积最小不能小于 0.02 立方米（一件重量在 10 kg 以上的除外），每批件数不超过 300 件的货物，均可按零担运输办理。

（2）不易计算件数的货物、运输途中有特殊要求的货物、易于污染其他物品的货物，不得按零担办理。

（3）托运人应在每件零担货物上标明清晰的标记（即货签），以便作业中识别。

（4）货物的重量由铁路部门确定，但对于标准重量、标记重量或附有过磅清单的零担货物，允许由托运人确定重量，但铁路部门可进行复查和抽查，一般情况下不允许派押运人。

3. 集装箱货物运输的条件

凡能装入集装箱，并不对集装箱造成损坏的货物以及规定可按集装箱运输的危险货物均可按集装箱办理。集装箱货物运输的基本条件主要有：

（1）每批必须是同一箱型，使用不同箱型的货物不得按一批托运。

（2）每批至少一箱，最多不得超过铁路一辆货车所能装运的箱数。

以上两项内容都是为了保证以一张运单托运一批集装箱货物，能用一辆货车同时装运。

（3）铁路按箱承运，不查点箱内货物。

> **想一想**：请简述三类铁路运输方式的区别。
>
> **小启示**：从运载货物的数量、品类、单位及运费上来比较三者之间差异。

（二）铁路货物运输的基本作业

铁路货物运输流程由货物发送作业、货物运输途中作业和货物到达作业三部分构成。基本流程如图 3.10 所示。

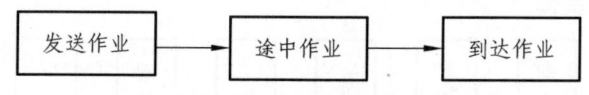

图 3.10　铁路货物运输基本流程

1. 货物发送作业

货物发送作业又称货物在发站的货运作业，包括托运人向作为承运人的发站申报运输要求，提交货物运单、进货、缴费，与发站共同完成承运手续；发站受理托运人的运输要求，审查货物运单、验收货物及其运输包装、收费，与托运人共同完成承运手续。货物发送作业基本流程如图 3.11 所示。承运时间因运输种类不同而异。整车货物是先装车后承运，零担和集装箱货物则是先承运后装车。

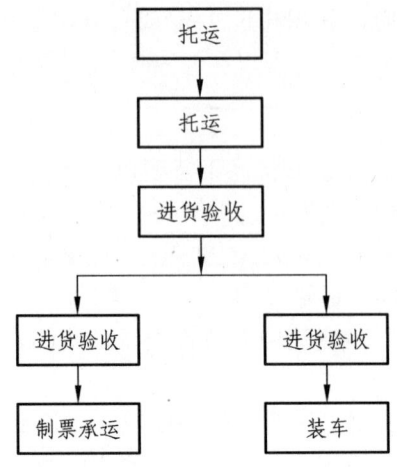

图 3.11 货物发送作业基本流程

2. 货物途中作业

运输途中指途经区间和途经车站。途中作业包括重车运行及途中的货物常规交接与检查、特殊作业及异常情况的处理。货物常规交接与检查是指货物运输途中车站人员同列车乘务员或列车乘务员相互间在局（分局）规定地点和时间内办理的货车或货物的交接检查工作。特殊作业有：零担货物在中转站的作业，整车分卸货物在分卸站的作业，加冰冷藏车在加冰所的加冰加盐作业，托运人或收货人提出的货物运输变更的办理等。异常情况的处理是指货车继续运行或货物继续运送有碍运输安全或货物完整时须作出的处理，如货车装载偏重、超载或货物装载移位须进行的换装或整理，又如对运输阻碍的处理。

3. 货物到达作业

货物到达作业又称货物在到站的货运作业，包括收货人向作为承运人的到站查询、缴费、领货、接受货物运单，与到站共同完成交付手续；到站作为承运人向收货人发出货物催领通知，接受到货查询、收费、交货、交单，与收货人共同完成交付手续，如图 3.12 所示。由铁路组织卸车或发站由承运人装车、到站由收货人卸车的货物，到站在向收货人点交货物或办理交接手续后，即交付完毕；发站由托运人组织装车，到站由收货人组织卸车的货物，到站在货车交接地点交接完毕，即交付完毕。

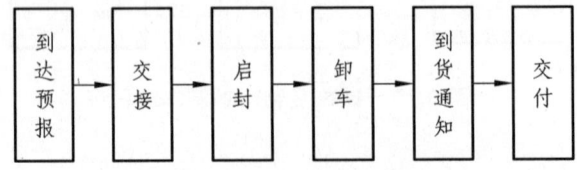

图 3.12 货物到达作业基本流程

（三）铁路货物托运流程

铁路货物的托运是指托运人委托承运人运输货物，并按规定向承运人提交托运计划和运单的行为。

1. 铁路整车货物托运工作内容

铁路整车货物托运流程如图 3.13 所示。

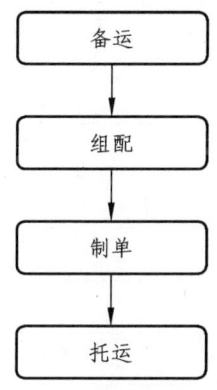

图 3.13 铁路整车托运流程

1）备　运

备运是做好商品发运业务的前提条件。这个阶段主要包括以下三方面的工作：

（1）做好货源的调查，摸清生产、市场变化、时间要求和运力松紧情况，并进行综合分析，提出调运方案。

（2）根据已批准的运输计划，结合商品调运的数量和去向，分清轻重缓急，提出旬、日计划，做好车、船、货的衔接工作。

（3）选择经济合理的运输方式和运输工具，以提高运输效率。

2）组　配

组配是根据旬、日安排组织商品配装，根据单、货的流转情况，有两种不同的组配方法：一种是见单组配，另一种是见货组配。车站装车发运一般是见单组配。

3）制　单

制单时分局组配环节转来的组配好的商品调拨供应单，填制有关商品运输的各种单证。这些单证主要包括货物运单和运输交接单。

4）托　运

托运环节包括批单、送货、监装和交纳运输费用等工作。

（1）批单。根据旬、日计划要求，及时向承运部门提出发送商品的货物运单，经承运部门审批受理后，即可按承运部门制定的日期和地点组织送货。

（2）送货。根据制单环节流转来的运输交接单、商品调拨供应单提货联向仓库提出商品，运送到发运地点，与货运员办理点件、检验等交接手续。

（3）监装。在装载中，指导工人轻按轻放，科学堆装，合理搭配。

（4）交费。在货物装好后，凭承运部门签章的货物运单向承运部门交付费用。交付费用手续办好后，应取回领货凭证和付费凭证，并经承运部门在货物运单上盖上承运日戳。

（5）送单。当办好托运交付工作和交付运杂费后，由专门办理送单的人员，将领货凭证、付费货票、运输交接单、货物供应单证的有关联次，分送收货或中转单位及内部有关部门。

（6）预报。预报是在货物发运以后，预先告知货物接受单位货已发运的通知。预报一般以电报、电话将发站、到站、发运车号、运单号、件数、重量、发运日期等通知收货单位。

（7）结算。货物发运后，发运单位向收货单位或供货单位结算收回代垫运杂费及其他费用。

（8）统计归档。对发运数量等进行统计，并计算有关经济指标。

2. 零担整车货物托运工作内容

零担整车货物托运流程如图 3.14 所示。

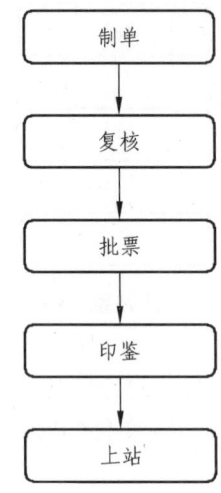

图 3.14　零担整车货物托运流程

1）制　　单

根据货物调拨供应单、填制货物运单和有关运输凭证。

2）复　　核

对运输单据内容逐项复核，做到准备无误。

3）批　　票

按照规定时间，将货物运单送交车站办理托运批票，即车站正式受理制定送货日期、地点。

4）印　　鉴

根据货物运单所列的发货人、收货人、到站、品名、件数、运输号码等项目印制运输标签。

5）上　　站

按照车站指定的时间和地点，将货物按时上齐，并应逐件检查货物与运单是否相符，运输标记、包装是否符合要求。经检查无误后，向铁路货运工作人员交接。

想一想：请阐述一下货物托运前需准备的工作内容。

小启示：1. 对货物进行符合要求的包装。

2. 在货件上标明清晰明显的标记。

3. 备齐证明文件等。

（四）铁路货运单证

1. 铁路货物运单

铁路货物运单是一种承运合同，是确定托运人、承运人、收货人之间在运输过程中的权利、义务和责任的原始依据，同时，它又是托运人向承运人托运货物的申请书，以及承运人承运货物和计收运费、填制货票和理赔的依据。铁路货物运单的式样见表 3.2、3.3。

表 3.2 货物运单（格式）

货物指定于 月 日搬入	××铁路局	承运人\托运人装车	领货凭证
货位：	货物运单	承运人\托运人施封	
计划号码或运输号码：			车种及车号
运到期限 日	托运人→发站人→到站人→发货人	货票第 号	货票第 号

托运人填写			承运人填写		运到期限 日
发站	到站(局)		车种车号	货车标重	发站
	到站所属省（市自治区）		施封号码		到站
托运人	名称		经由	铁路货车篷布号码	托运人
	住址	电话			收货人
收货人	名称		运价里程	集装箱号码	货物名称 件数 重量
	住址	电话			
货物名称	件数	包装	货物价格	托运人确定重量（千克）	承运人确定重量（千克）	计费重量	运价号	运费	
合计									承运人盖章或签字
托运人记载事项			承运人记载事项			发站承运日期戳
注：本单不作为收货凭证 托运人签约须知见背面			托运人盖章或签字 年 月 日	到站交付日期戳	发站承运日期戳	注：收货人领货须知见背面

表 3.3 集装箱货物运单（格式）

货物指定于 月 日搬入	中国铁路集装箱运输责任有限公司		
货位：	集装箱货物运单		承运人/托运人装车
运到期限 日	托运人→发站→到站→收货人		货票号码：

发站		到站(局)		车种车号		货车标重	
到站所属省（市）自治区						国内运输□ 海铁运输□	
发货地点		交货地点				班列运输□	
托运人	名称		电话		运输方式		
	地址		邮编	E-mail		站到站口 站到门口	
承运人	名称		电话			门到站口 门到门口	
	地址		邮编	E-mail			
货物品名	集装箱箱型	集装箱箱型	集装箱数量	集装箱号码	施封号码	托运人确定重量（千克）	托运人确定重量（千克）	运输费用
合计								
托运人记载事项：		添加附件：	货物价格：		承运人记载事项：			
注：本单不作为收货凭证 托运人须知见背面 规格：A4 标准		托运人盖章签字 年 月 日	承运人日期戳	交付日期戳				

2. 铁路运输货票

铁路运输货票印有固定号码，分甲、乙、丙、丁四联，甲联留在发站备查，作为本站统计和管理的依据；乙联上报分局供审核、记账用，由分局定期报送路局，对货物发送各项指标统计后，在返回分局保存；丙联交给托运人作为承运和报销凭证；丁联在车站根据货物到站编入货物列车,形成货物列车编组顺序表,作为发出货物列车确报。对于零担货票还要进行中转货票交换,作为中转零担车的依据。铁路运输货票见表3.4、3.5。

表 3.4 集装箱货票丁联式样

货 票

中铁集装箱运输公司　　　　　X.00000

计划号码或运输号码　　　　　　　　　　丁联　　运输凭证:发站→到站存查

发站		到站(局)		车种车号		货车标重		承运人/托运人装车	
经由		货物运到期限		运输方式					
运价里程		集装箱箱型/箱类		保价金额		现付费用			
托运人名称及地址						费别	金额	费别	金额
收货人名称及地址						运费			
货运物品	品名代码	件数	货物重量	计重重量	运价号	运价率			
合计									
集装箱号码									
施封号码									
记事						合计			

卸货时间　　年　月　日　时　　　收货人盖章或签字　　到站交付日期戳　　发站承运日期戳

催领通知方法＿＿＿＿＿＿

催领通知时间　　月　日　时　　领货人身份证件号码

到站收费的收据号码＿＿＿＿＿　　　　　　　　　　　　　　经办人章　　　　经办人章

表 3.5 货票丁联式样

××铁路局

货 票

中铁集装箱运输公司　　　　　丁联

计划号码或运输号码　　　运输凭证:发站→到站存查　　NO.A00000

发站		到站(局)		车种车号		货车标重		承运人/托运人装车	
经由		货物运到期限		施封号码铁路篷布号码					
运价里程		集装箱箱型/箱类		保价金额		现付费用			
托运人名称及地址						费别	金额	费别	金额
收货人名称及地址						运费			
货运物品	品名代码	件数	货物重量	计重重量	运价号	运价率			
合计									
集装箱号码									
施封号码									
记事						合计			

卸货时间　　年　月　日　时　　收货人盖章或签字　　到站交付日期戳　　发站承运日期戳

催领通知方法＿＿＿＿＿＿

催领通知时间　　月　日　时　　领货人身份证件号码

到站收费的收据号码＿＿＿＿＿　　　　　　　　　　　　　　经办人章　　　　经办人章

3. 铁路运输交接单

铁路运输交接单是托运人同收货人进行内部商品交接和结算运输代垫费用的凭证，见表3.6。

表 3.6　铁路运输交接单

铁路运输（中转）交接单

发货单位 _____　　中转单位 _____　　发运时间 _____　　车船号 _____

到达站（港）_____　中转站（港）_____　运单号码 _____　　批　次 _____

运价号	发货单据号码	品名	包装	件数	重量	甩货		备注
						件数	重量	

4. 铁路物品清单

单一批托运的货物不能逐一将品名在运单内填写时，须另填写铁路物品清单一式三份，一份由发站存查，一份随同运输票据递交到站，一份退还托运人。铁路物品清单见表3.7。

表 3.7　铁路物品清单

铁路物品清单

发站　　　　　　　　　　　　　　　　　　　　　　　　货票第 _____ 号

货件编号	包装	详细内容	件数或尺寸	重量	价格

二、小组活动

（一）活动内容

通过对铁路货物托运程序的详细了解后，教师带领学生到校外实训基地（模拟现场），分别由每组成员模拟演练整车运输的作业过程及零担运输的作业过程。

（二）活动安排

1．以 6~7 人为一个小组：受理作业员 2 人，装卸作业员 3 人，货运员 1 人，接货员 1 人。

2．准备时间为一个星期。

（三）活动要求

1．严格遵守货场的规章制度和规定的分组要求。

2．按规定穿戴工作服装和使用防护用品。

3．操作时精神集中，货场内禁止吸烟。

4. 保持休息室内外、工作场地、机具整齐清洁。

（四）评　价

评分表

小组成员					
活动主题	体验铁路货物运输流程				
评价标准	具体内容	分值	小组自评分	小组互评分	教师评分
	按照岗位要求进行操作	20			
	严守岗位规章、操作规范	30			
	流程设计正确	30			
	小组合作，具有团队精神	20			
	合计	100			
教师评语					

任务三　理解铁路运费核算

任务描述

2012年7月10号，托运人甲食品公司给收货人乙商贸公司发运大米一车，起点站是厦门火车站，终点站是南昌铁路局漳州火车站，车号是XX号，件数为6 200件，货物重量50吨，无其他费用。

同学们：你认为厦门火车站应收多少运费？

任务目标

1. 了解铁路运输费用的构成。

2. 重点掌握铁路运输费用的计算方法。

任务实施

一、知识准备

（一）铁路运输费用构成

铁路货物运输费用由运费、建设基金、新路新价均摊费、货运杂费等几部分组成，当需经由电气化区段运输时，还发生电气化附加费等。

1. 铁路运费

整车货物每吨运价=基价 1+基价 2×运行里程

零担货物每 10 千克运价=基价 1+基价 2×运行里程

集装箱货物每箱运价=基价 1+基价 2×运行里程

2. 附加额费用

铁路运输的附加费用主要包括电气化附加费用、新路新价均摊运费、铁路建设基金。

（1）电气化附加费：

铁路货物运输通过电气化铁路区段要增加电气化附加费。

电气化附加费=费率×计费重量（箱数或轴数）×电气化里程

（2）新路新价均摊运费：

铁路货物运输通过新路区段的要增加新路新价均摊运费。

新路新价均摊运费=均摊运价率×计费重量（箱数或轴数）×运价里程

（3）铁路建设基金：

铁路建设基金=费率×计费重量（箱数或轴数）×运价里程

3. 杂 费

铁路货运杂费是铁路运输的货物承运到交付的全过程中，铁路运输企业向托运人、收货人提供的辅助作业、劳务，以及托运人或收货人额外占用铁路设备、使用用具、备品所发生的费用。铁路货运杂费分为货运营杂费，延期使用运输设备、违约及委托服务杂费和租金，占用运输设备杂费三大类。各项杂费按从杂费费率表中查出的费率与规定的计算单位相乘进行计算。

> **想一想**：请阐述一下货物托运的工作内容。
> **小启示**：1. 对货物进行符合要求的包装。
> 　　　　　2. 在货件上标明清晰明显的标记。
> 　　　　　3. 备齐证明文件等。

（二）铁路运输费用计算

1. 铁路运输费用的计算步骤

（1）根据运单上填写的发站和到站，按《铁路货物运价里程表》（见表 3.8）算出发站至到站的运价里程。

（2）整车、零担及集装箱货物根据运单上填写的货物名称查找《铁路货物运输品分类与代码表》，确定适用的运价号。

（3）整车、零担货物按货物适用的运价号，集装箱货物根据箱型，冷藏车根据车种，分别在《铁路货物运价率表》（见表3.9）中查出适用的基价1和基价2。

（4）根据运输种别、货物名称、货物重量与体积确定计费重量。

（5）货物适用的基价1，加上基价2与货物的运价里程相乘之后，再与按《价规》确定的计费重量（集装箱为箱数）相乘计算运费。

（6）计算费用总额。运费、建设基金、新路新价均摊费、货运杂费等的总和就是运输费用的总额。

2. 计费重量的确定

计费重量时根据运输种别、货物名称、货物重量与体积确定的。

1）整车计费重量的确定

整车货物运输时，一般均按货车标记载重量计算运费，以吨为单位，吨以下四舍五入；货物重量超过标记重量时，按货物重量计费。但遇到下列情况时，应区别对待：

① 使用矿石车、平车、砂石车，经铁路局批准装运《铁路货物运输品分类与代码表》中的"01、0310、04、06、081 和 14"类货物按此 40 吨计费，超过时按货物重量计算。

② 《冷藏车的计费重量表》（见表 3.10）所列火车装运货物时，计费重量按表中规定计算；货物重量超过规定计费重量的，按货物重量计费；加冰冷藏车不加冰运输时，按冷藏车标重计费。

③ 使用自备冷藏车装运货物时按规定 60 吨计费。

④ 标重不足 30 吨的家畜车，计费重量按 30 吨计算。

⑤ 车辆长超过计划 1.5 倍的货车而未标明计费重量的，按其超过部分以每米折合 5 吨与 60 吨相加之和计费。

2）零担货物运输计费重量的计算

按一批办理的零担货物，其起码计费重量为 100 千克；零担货物的计费单位是 10 千克，不足 10 千克进为 10 千克。

3. 铁路货物运费的计算

【例1】吉林北站发往哈尔滨的一批水泥，货物重 50 t，使用标记载重 60 t 的一辆 N17 装载。发到站间的运价里程为 263 km，试计算该批货物的运费。

解：查找《铁路货物运输品分类与代码表》可知，水泥适用铁路整车 5 号价，通过表 3.9《铁路货物运价率表》确定运价率：基价 1 为 13.40 元/t，基价 2 为 0.072 元/（t·km）。

运费：（13.40+0.072×263）×60=1 940.16（元）

表 3.8　铁路货物运价里程表（单位：km）

	北京	天津	沈阳	长春	哈尔滨	济南	合肥	南京	上海	杭州	南昌	福州	石家庄	郑州	武昌	长沙	广州	南宁	西安	兰州	西宁	乌鲁木齐	成都	贵阳	昆明	太原	呼和浩特	银川
天津	137																											
沈阳	741	707																										
长春	1046	1012	305																									
哈尔滨	1288	1354	547	242																								
济南	497	360	1067	1372	1614																							
合肥	1074	973	1680	1985	2227	613																						
南京	1160	1023	1730	2035	2277	663	312																					
上海	1463	1326	2033	2335	2577	966	615	303																				
杭州	1589	1452	2159	2464	2706	1092	451	429	201																			
南昌	1449	1444	2151	2456	2689	1137	478	838	837	636																		
福州	2334	2197	2904	3209	34511	1837	1196	1174	1173	972	622																	
石家庄	277	419	1261	431	1673	301	914	964	1267	1393	1915	1549																
郑州	689	831	1538	1843	2085	666	645	695	998	1124	927	1013	412															
武昌	1225	1367	1972	2277	2519	1202	1181	1231	1230	1029	391	536	948	894														
长沙	1583	1725	1330	2635	2877	1560	1222	1200	1199	998	418	1306	984	1601	358													
广州	2289	2431	3036	3341	2928	2151	1826	1804	1803	1602	1022	1588	2012	1064	706													
南宁	2561	2703	3411	6313	3855	2538	2098	2076	2075	1874	1294	1860	2282	1336	1047	697	8341											
西安	1159	1301	1906	2211	2453	1177	1156	1206	1509	1635	1412	2389	923	511	1405	2081	334											
兰州	1811	1948	2552	962	3099	1853	1832	1882	2185	2311	2088	3065	1599	1187	1723	2383	2111	2787	676									
西宁	2092	2235	2839	3144	3386	2069	2048	2098	2401	2527	2304	3281	1815	1403	1939	2297	3059	3003	275	216								
乌鲁木齐	3768	3911	4515	4820	5062	3724	3774	4077	4065	4391	3079	4957	3491	615	3973	892	3336	4678	951	2568	1892	2108						
成都	2042	2185	2789	3094	3336	2019	1998	2048	2351	2552	2239	2805	1765	1353	1737	19232	5271	832	2527	842	1172	1388	1493					
贵阳	2539	2681	3286	3591	3833	2516	2069	2076	2053	1852	1272	1838	2262	1850	1314	956	1560	865	1809	1942	2272	2488	4126	967				
昆明	3178	3320	3925	4230	4472	3119	2693	2868	3069	1498	1624	1911	24 77	2521	953	1595	1599	1504	2199	2489	2355	1327	2143	1100	639			
太原	514	650	1255	1560	1802	532	1145	1195	1498	1624	1944	2521	231	577	1179	1537	2243	2515	651	2515	1543	3219	1493	2460	2593			
呼和浩特	667	804	1408	1713	1955	1164	1777	1827	2130	2256	2674	3303	871	1362	1898	1156	2962	3234	2291	1360	1144	3036	2133	3100	3233	640		
银川	1343	1480	2084	2389	2631	1840	2002	2052	2355	2481	2258	3235	1547	1357	893	2251	2957	3229	846	468	684	2008	1342	2309	2442	1316	676	

表 3.9　铁路货物运价率表（2012 年）

办理类别	运价号	基价 1		基价 2	
		单位	标准	单位	标准
整车	1	元/吨	7.10	元/（t·km）	0.041 8
	2	元/吨	7.80	元/（t·km）	0.050 2
	3	元/吨	9.80	元/（t·km）	0.056 2
	4	元/吨	12.20	元/（t·km）	0.062 9
	5	元/吨	13.40	元/（t·km）	0.072 2
	6	元/吨	19.60	元/（t·km）	0.098 9
	7			元/（t·km）	0.327 5
	机械冷藏车	元/吨	14.70	元/（t·km）	0.099 6
零担	21	元/10 千克	0.150	元/（10 kg·km）	0.000 71
	22	元/10 千克	0.210	元/（10 kg·km）	0.001 03
	20 英尺箱	元/箱	337.50	元/（箱·千米）	1.400 0
	40 英尺箱	元/箱	459.00	元/（箱·千米）	1.904 0

表 3.10　冷藏车的计费重量表

车型	计费重量/吨	车型	计费重量/吨
B22	46	B20、B21	45
B17、B19	40	B6	38
B18	35	B8、B16	30
B11	24	B7	38

二、小组活动

（一）活动内容

托运人王强 2012 年 4 月 15 日与武昌铁路局订立了一份货物运输合同。货物是一批钢材，无包装，到达站是上海车站，收货人是托运人王强本人。5 月 18 号武昌铁路局分局配给王宝敞车一辆，货车标记载重量 50 吨。合同中规定由王强自行装车。计算王强的这批钢材的运费。

（二）活动安排

1．以 2~3 人为一个小组。
2．规定 5 分钟内完成该任务

（三）活动要求

1．掌握班轮运输费用计算方法。
2．各项计算要完整、准确。

3．每个小组做题时间为 5 分钟。

(四) 评　价

评分表

小组成员					
活动主题	掌握铁路货物运输费用的计算方法				
评价标准	具体内容	分值	小组自评分	小组互评分	教师评分
	熟知铁路运费的组成	50			
	运费计算规范	25			
	团队合作	25			
	合计	100			
教师评语					

本模块小结

本章系统学习了铁路货物运输的组织方式及特点、铁路货物运输的基本流程、铁路货物运输的费用计算方法。

铁路货物运输种类有整车、零担和集装箱。整车适于运输大宗货物；零担适于运输小批量的零星货物；集装箱则适于运输精密、贵重、易损的货物。

铁路货物运输的基本流程为货物发送作业、货物途中作业及货物到达作业。

铁路费用计算步骤主要有确定运价号、计算运价里程、确定计费重量、确定附加费等。

拓展阅读

铁路运输的不可抗力因素

铁路运输不可抗力主要包括以下几种情形：① 自然灾害、如台风、洪水、冰雹；② 政府行为，如征收、征用；③ 社会异常事件，如罢工、骚乱。铁路运输合同中在不可抗力的使用上，有以下问题值得注意：

（1）合同中是否约定不可抗力条款，不影响直接援用法律规定。

（2）不可抗力条款是法定免责条款，约定不可抗力条款如小于法定范围，当事人仍可援用法律规定主张免责；如大于法定范围，超出部分应视为另外成立了免责条款。

（3）不可抗力作为免责条款具有强制性，当事人不得约定将不可抗力排除在免责事由之外。

案例情景：张某的一批货物交物流公司托运，在运输过程中由于遇到暴雨，使价值 6 万多元的物品受损，可以要求物流公司赔偿吗？

评析：运人对运输过程中货物的毁损、灭失承担损害赔偿责任，但承运人证明货物的毁损、灭失因不可抗力、货物本身的自然性质或合理损耗及托运人、收货人过错造成的，不承担损害赔偿责任。若承运人证明货物在运输过程中因不可抗力灭失，托运人只能要求返还运费。

思考与练习

一、单项选择题

1. 铁路货物运输的经济特点是（　　）。
   A. 固定成本高，变动成本低　　B. 固定成本低，变动成本高
   C. 固定成本低，变动成本低　　D. 固定成本高，变动成本高

2. 铁路整车运输的特点（　　）。
   A. 经济性最优化　　B. 运载量大　　C. 速度最快　　D. 货源广泛

3. 铁路运输的经济里程在（　　）。
   A. 800 千米以上　　B. 500 千米以上
   C. 无限制　　D. 200 千米以上

4. 将山西大同的 6 万吨煤炭运往上海，选择（　　）方式比较合理。
   A. 铁路运输　　B. 公路运输　　C. 水路运输　　D. 航空运输

5. 铁路运输以（　　）为主。
   A. 厢车　　B. 平车　　C. 集装箱　　D. 敞车

6. 铁路专用货车不包括以下哪一种（　　）。
   A. 棚车　　B. 平车　　C. 敞车　　D. 家畜车

7. 铁路货物运到期限的起码日数为（　　）天。
   A．1　　　　　　B．2　　　　　　C．3　　　　　　D．5
8. 下列货物中不能按一批托运的是（　　）。
   A．服装与帽子　　B．西药与毛巾　　C．白糖与水泥　　D．电风扇与西餐桌
9. 将铁路货物"领货凭证"及时交给收货人并通知有关收货单位或人员到站领取货物义务方是（　　）。
   A．承运方　　　　B．托运方　　　　C．装卸公司　　　D．代理公司
10. 铁路零担货物一件体积最小不得小于（　　）m³。
    A．0.01　　　　　B．0.02　　　　　C．0.03　　　　　D．0.05

二、多项选择题

1. 目前铁路运输种类包括（　　）。
   A．整车运输　　　B．散装杂货运输　C．集装箱运输　　D．零担运输
2. 铁路运输常见的参与者包括（　　）。
   A．托运方　　　　B．运送工具提供方　C．承运方　　　　D．零中介方
3. 整车运输是铁路运输的主要运输形式，它有（　　）的特点。
   A．装量大　　　　B．运费低　　　　C．运输速度快　　D．能承担运量大
4. 铁路运输方式的优点是（　　）。
   A．运量大、速度快、可靠性高　　　　B．准确性和连续性强
   C．远距离、规模运输费用低　　　　　D．一般不受气候影响
5. 零担托运内容包含（　　）。
   A．制单　　　　　B．备货　　　　　C．复核　　　　　D．批票

三、填空题

1. 铁路机车分为_____、_____、_____。
2. 铁路运输的优点包括适应性强、运输能力大、_____、列车运行速度较高、_____、_____、_____等。
3. 铁路货物运输的基本作业包括_____、_____、_____三方面。
4. 铁路整车货物托运工作内容包括备运、_____、_____、_____、托运。
5. 铁路运费由_____、_____、_____、_____等部分组成。

四、简答题

1. 请简述铁路货物运输的基本条件。
2. 请简述铁路货物运输的基本作业流程。
3. 请图示出铁路费用核算过程。

五、计算题

2012年7月20号，东南煤炭公司和山西大同铁路局签订了一份货物运输合同，运送一批煤炭，收货人是南京紫光电力公司，到站是南京东站。6月21日大同铁路分局拨付20辆车，由东南煤炭公司在专用线上自行装车，铁路部门提供篷布。计算这批煤炭的运输费用。

模块四　水路货物运输

 引导案例

中海集团的航运发展

中海物流有限公司是国内航运界第一家现代物流企业，于 1998 年 3 月在上海成立。这是中海集团贯彻"一业为主、多元发展"的方针，拓展航运相关产业的一项重大举措。

中海集团作为国有航运特大型企业和世界 15 家班轮公司之一，规模和实力不断增强，拥有现代化、大型化、快速化、年轻化，具有核心竞争力的船队，共计 152 艘船舶，整体运载能力约达 399 192 标箱。其中每艘运载能力逾 4 000 标箱的大型船舶逾 58 艘，平均船龄只有 2.55 年，占总运力的 78.1%。年轻的船队使中国海运的集装箱运输班轮具有交货快、效率高、成本低的竞争优势，在国际主干线上更具有竞争力。沿海内贸干支线，贯通中国南北，途径沿海 30 余个大小港口，在国内内贸集装箱运输市场上整体实力最强。现有内贸集装箱运输船舶 30 余艘，总箱位约 30 000 TEU，以集装箱吞吐量计算，部分内贸航线于国内多个主要港口的市场占有率逾 50%，部分港口的占有率更高达 80%～90%。中海集团还拥有开展物流所需的陆岸基础设施和覆盖全国的业务网络，为发展综合物流提供了有利的条件。

中海物流有限公司前身为中国国际货运代理有限公司，是一家从事综合物流业务的国有大型骨干企业。中海物流现拥有 203 个服务网点，其经营业务范围，基本覆盖了国内沿海各口岸，形成了华南、华东、华北、大西北的服务网络体系，并在不断向内陆重要省市扩张。

在继续提高原有各类服务水平的基础上，加快重点项目开发，建设高水平的国内物流服务网络，发展多方位的国际合作，将集约化物流的业务量与利润提升到公司的主导地位，在高附加值、高服务要求的物流领域占据国内领先地位。

结合案例，通过本模块的学习，回答以下问题：

1．水路运输有什么优点？
2．水路运输方式包含哪些？
3．怎么实现水路运输，包含哪些流程？
4．怎么计算水路货物运输的费用？

任务一　认识水路货物运输

任务描述

甲物流公司接到了一项运输煤炭的任务,任务具体内容:福建某钢厂从大同运输一批煤炭。为了完成任务,部门经理召集运输部门人员,进行运输任务、运输方式、运输路线等情况分析、比较,认为该运输量大,且允许相对宽裕的运输时间,时限要求不高;根据掌握到的钢厂用煤情况及运距较长的基本情况,分析得出,水路运输比较经济、合适。

同学们,该任务在选择水路运输方式时应考虑到哪些方面?

任务目标

1. 了解水路运输的含义。
2. 了解各类运输工具及它的用途。
3. 了解水路运输方式的特点。

任务实施

一、知识准备

(一)水路运输概况

1. 水路运输的含义

水路运输是利用船舶、排筏和其他浮运工具,在江、河、湖泊、人工水道以及海洋上运送旅客和货物的一种运输方式。水路运输的基本组成通常由运输通路(航道与航线)、运输工具(船舶、运输站场、港口)、运输对象(旅客和货物)、技术设备和信息网络等组成。按利用的水域的不同,一般将水路运输分为内河运输、沿海运输和远洋运输。远洋运输如图 4.1 所示。

图 4.1　远洋运输

2. 水路运输的产生与发展

水路运输从古老的独木舟、竹木筏、蓬帆船，到现代化高度自动化的远洋旅游船和集装箱船，期间经历几千年漫长的历史。早在很多年前，我国就是世界领先的水运大国。最早为方便运输而开凿的灵渠，连接了珠江和长江，是世界上第一条人工运河，建有先进的过坝设施——船闸。现在依旧在发挥作用的京杭运河，是历史上最长的人工运河，成为南北漕运的重要通道，乾隆下江南也常走京杭运河。郑和七次下西洋，最远曾到达印度洋和阿拉伯国家，说明当时已掌握了一定的航海技术和造船技术。

人类真正使用机械开动船帆是在 1807 年美国人罗伯特·富尔顿（Robert Fulton）把锅炉、蒸汽机和明轮装到内河船"克莱蒙特号"上，并在纽约与奥尔巴尼之间的哈德逊河上进行了有实用价值的航行。1838 年，出现了装在船舶尾部的螺旋桨推进装置。1890 年，发明了内燃机，而后越来越多的船利用内燃机作为自己的主要动力设备。再以后又出现了汽轮机动力装置和核动力装置。

3. 水路运输的工具

水路运输工具也称浮动工具（浮动器），包括船、驳、舟、筏。船和驳是现代水路运输工具的核心。船是指装有原动机的，而驳则是没有动力装置的。

物流领域使用的货船主要有：

（1）集装箱船。

集装箱船是专用装载集装箱或混装集装箱的高速货船，如图 4.2 所示。

（2）散装船。

散装船是专门装运谷物、煤炭、矿石、盐等散装货物的船舶，如图 4.3 所示。

图 4.2　集装箱船

图 4.3　散装船

（3）液化气船。

液化气船是专门装运液化了的天然气体的液化天然气船和液化了的石油气体的液化石油气船，如图 4.4 所示。

（4）油船（油轮）。

油船是专门用来装运散装石油（原油及石油产品）类、液体货物类的船舶，是远洋运输中的特大型、大型船舶，如图 4.5 所示。

图 4.4　液化气船

图 4.5　油船

（5）滚装船。

滚装船是专门用来装运以载货车辆为货物单元的船舶，是一种快速运输货物的新型船舶，如图 4.6 所示。

（6）载驳船。

载驳船是专门用来装运以载货驳船为货物单位的船舶，如图 4.7 所示。

图 4.6　滚装船

图 4.7　载驳船

（7）冷藏船。

冷藏船是指具有冷藏设备，专门用来装运鲜活易腐货物的船舶，如图 4.8 所示。

（8）运木船。

运木船是专门用来装运木材的船舶。一般船上都具有装卸设备，如图 4.9 所示。

图 4.8　冷藏船

图 4.9　运木船

> **想一想**：以上各类货船都适合运送什么货物？
>
> **小启示**：结合货船的外观特点来思考。

（二）水路运输的特点

1. 水路运输的优点

（1）水运建设投资省。水路运输只需利用江河湖海等自然水利资源，除必须投资购买船舶、建设港口之外，沿海航道几乎不需投资，整治航道也仅仅只有铁路建设费用的 1/3～1/5。

（2）运输成本低。我国沿海运输成本只有铁路的 40%，美国沿海运输成本只有铁路运输的 1/8，长江干线运输成本只有铁路运输的 84%，而美国密西西比河干流的运输成本只有铁路运输的 1/3～1/4。

（3）劳动生产率高。沿海运输劳动生产率是铁路运输的 6.4 倍，长江干线运输劳动生产率是铁路运输的 1.26 倍。

（4）平均运距长。水路运输平均运距分别是铁路运输的 2.3 倍，公路运输的 59 倍，管道运输的 2.7 倍，民航运输的 68%。

（5）远洋运输在我国对外经济贸易方面占有独特、重要的地位。我国有超过 90%的外贸货物采用远洋运输，是发展国际贸易的强大支柱，战争时又可以增强国防能力，这是其他任何运输方式都无法代替的。

（6）运输能力大。在五种运输方式中，水路运输能力最大，在长江干线，一支拖驳或顶推驳船队的载运能力已超过万吨。国外最大的顶推驳船队的载运能力达 3 万～4 万吨，世界上最大的油船载运能力已超过 50 万吨。

（7）在运输条件良好的航道，通过能力几乎不受限制。

（8）水路运输通用性能也不错，即可客运，也可货运，可以运送各种货物，尤其是大件货物。

2. 水路运输的主要缺点

（1）受自然条件影响较大。内河航道和某些港口受季节影响较大，冬季结冰，枯水期水位变低，难以保证全年通航。

（2）运送速度慢。在途中的货物多，会增加货主的流动资金占有量。

总之，水路运输综合优势较为突出，适宜于运距长、运量大、实践性不太强的各种大宗货物运输。

> **想一想**：请简述我国水路发展以来取得了哪些历史性成就。
>
> **小启示**：从船舶、运输量、集装箱、沿海港口等方面来描述。

二、小组活动

（一）活动内容

每组安排一位代表，以 PPT 的形式简述一下我国水路运输发展的历史。

（二）活动安排

1．以 4~6 人为一个小组。

2．各小组制作 PPT 进行结果分享。

3．准备时间为一个星期。

（三）活动要求

1．资料收集要真实、充分。

2．PPT 制作精美。

3．每个小组展示时间为 5 分钟。

（四）评　价

评分表

小组成员					
活动主题	了解我国水路发展的历史				
评价标准	具体内容	分值	小组自评分	小组互评分	教师评分
	查阅的资料真实	20			
	PPT 演讲流畅、生动	20			
	PPT 制作效果好	30			
	语言表达	30			
	合计	100			
教师评语					

任务二　体验水路货物运输流程

任务描述

甲物流公司是一家第三方物流公司,要为一家味精厂完成原料的输送,始发地为大连市,终点站为上海市。甲公司承接任务后,设计以海运作为主要的运输方式,其委托海运公司完成海上运输任务,由甲物流公司将货物送往大连港,然后由其委托的海运公司负责海上业务。

同学们,海运公司接到任务后,该如何完成?

任务目标

1. 熟悉远洋运输的流程。
2. 熟悉内河运输的流程。
3. 掌握水路货运单证的填写。

任务实施

一、知识准备

(一)水路运输的营运方式及特点

水路运输的营运方式主要分为两大类,即班轮运输和租船运输。

1. 班轮运输

班轮运输亦称定期船运输,是指船舶在特定的航线上按照船期表和挂港从事有规律的水上货物运输形式。班轮运输又分为定期班轮和不定期班轮两种。定期班轮严格按照预先公布的船期表运行,船舶到、离港的时间及计划停靠的港口固定不变,是班轮运输的主要形式,不定期班轮根据预先公布的船期表运行,但船舶到港、离港的时间有一定的伸缩性,有固定的始发港、目的港,中途停靠港则视货源情况可能有所变化,即定线不定期的班轮运输。

班轮运输的主要特点是四固定,即固定航线、固定停靠港口、固定船期和相对固定的运价。这四固定,也形成了班轮运输的优点:

(1)班轮运输船期表和航线、途径港口预先公布,有利于货主组织安排货源,从容准备。

(2)手续简便,承托双方无需签订合同,仅凭提货单即可明确双方的权利义务,处理运输过程中的有关问题。

(3)通常承运人在港口指定的码头仓库接受货物,在目的港的码头或仓库交货。

(4)单位运价明确,便于货主核算成本,选择运输方式。

2. 租船运输

租船运输是指船舶出租人（船东）向承租人提供船舶的全部或部分舱位装运约定的货物，从某一港运至另一港，或承租人将船舶租用某一段时一间，承租人为此支付租金的船舶营运方式。由于这种经营方式需要在市场上才有机会，没有固定的航线和挂靠港口，没有船期表和运价表，船舶经营人和需要船舶运力的租船人是通过洽谈运输条件，签订租船合同来安排运输的，故称之为租船运输。

租船运输具有以下基本特点：

（1）租船运输的营运组织取决于各种租船合同。船舶经营人和承租人首先签订合同才能安排运输，合同中除了规定航线、停靠港口和货物外，还需明确双方的权利和义务。

（2）租船运输的运费或租金水平的高低，直接受租船合同签订时的航运市场行情影响。

（3）租船运输中有关船舶营运费等开支，取决于不同的租船方式。

（二）远洋货物运输流程

远洋货物运输是指利用海路及远洋船舶将进出口货物运送至目的港的一种运输方式。远洋运输主要针对出口和国内进口货物的运输，因此，在运输设备、运输要求和运输组织等方面与内河货运有较大的区别。对远洋运输来讲，最常见也是最重要的运输营运形式是班轮运输和租船运输。

1. 班轮运输流程

班轮运输流程是远洋班轮运输从组货到运货、直至交货的一系列有序的基本工作环节，包括订舱、备货交接、装船换单、海上运输、卸船交货五个部分，如图 4.10 所示。

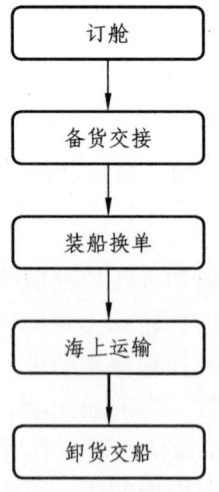

图 4.10 班轮运输流程示意图

1）订 舱

订舱是托运人（包括其代理人）向班轮公司（即承运人，包括其代理人）申请货物运输，承运人对这种申请给予承诺的行为。一般情况下，先由货主或其代理人以电话、传真等形式向船公司（也称货运代理公司）提出货物托运申请，并填写托运单（也称订舱委托书）送交船公司作为订舱依据。船公司收到托运单后，审核托运单，确定委托费用和运杂费，待订妥装运船舶后,将全套装货单交给货主填写,将托运单的配舱回单(装货单)退回,然后由船公司代表货主作为托运人向外轮代理公司(也称船代公司)办理托运手续。

2)备货交接

货主应在接到装货通知之前,办妥出口货物的包装、报关、报验投保、纳税等工作,并取得海关放行证,在规定的时间内将符合装船条件的货物运到承运人指定的港区仓库或货场。由承运人委托的港口理货和装卸代理,负责出口货物入库的验收、装卸搬运作业。仓库核对进场货物与装货单证无误后,签发场站收据给托运人。

3)装船换单

承运人在班轮进港之前编制完装船计划,待班轮进港后按照装船计划装船。托运人凭经签署的场站收据换取由船长或大副签收的收货单(亦称大副收据),表明货物已装船。托运人凭收货单向外轮代理公司交付运费,并凭缴款单据换取正式提单。托运手续全部办理完毕后,速将有关货运提单和其他单证寄收货人备查提货。

4)海上运输

海上运输中承运人对装在船内的货物负有保管、照料及安全抵达目的港的责任和义务。起航后电告到达港卸货代理人,通报到达时间和货物装载信息。

5)卸船交货

卸货港的货运代理人根据船舶发来的到港通知,编制有关单证、约定泊位和装卸代理准备卸船,同时通知收货人作好接收货物的准备。船舶到港,货物一般集中卸在当地海关监管仓库或指定地点,等待海关和商检部门查验放行。对于鲜活货物也可在船边交货。收货人或其代理,根据货物到港通知立即到海关办妥货物的报关、报检手续,连同装船提单交给卸货港代理人。卸货代理审核无误,收货人付清应付的费用后,签发提货单给收货人。收货人凭提货单前往码头仓库提货,并与之办理交接手续。

2. 租船运输流程

租船业务按时间顺序分"询盘"、"报盘"、"还盘"、"接受"和"签订租船合同"五个环节进行,如图 4.11 所示,租船人和船东按此程序,通过租船经纪人互通情况,讨价还价,最后达成一致,签订合同,实现租船运输。

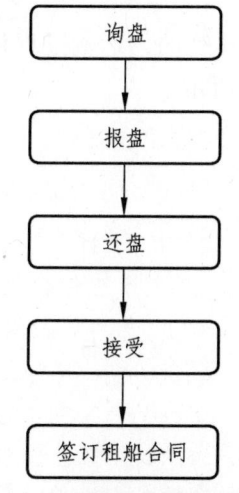

图 4.11 租船运输流程示意图

1）询盘

通常由承租人以一定的租赁条件，直接或通过租船经纪人寻求租用所需要的船舶的过程。询盘一般采用传真的形式，向船舶代理通告需要承租的船舶类型和装运货物种类、数量、装运港、装运期限、租船方式以及租船租金等事项。

2）报盘

报盘也称报价或发盘，是出租人对承租人询价的回应。报盘又分实盘和虚盘。实盘为报盘条件不可改变，并附加时效的硬性报价；虚盘则是可磋商、修改的报价。报盘内容主要是关于租金的水平、选用的租船合同范本及范本条款的修改和补充等。

3）还盘

还盘是询价双方通过平等谈判、协商、讨价还价的过程。

4）接受

通过双方的谈判，最后达成一致意见即可成交。成交后交易双方当事人应签署一份"订租确认书"，就商谈租船过程中双方承诺的主要条件予以确认，对于细节问题还可进一步商讨。

5）签订租船合同

签订确认书只是一种意向合同，正式签订租船合同才意味着最终成交。租船合同要明确租船双方当事人的权利和义务，双方当事人签署后即可生效。租船合同的内容因租船形式的不同而有所不同。定期租船合同的内容主要包括：出租人和承租人的名称、船名、船籍、船级、吨位容积、船速、燃料消耗、航区、用途、租船期限，交船和还船的时间、地点以及条件，租金及其支付等相关事宜。航次租船合同的主要内容有出租人和承租人的名称、船名、船籍、载货重量、容积、货名、装货港和目的港、受载期限、装卸期限、运费、滞期费、速遣费的支付及其他事项等。租船运输合同正式签订以后，船舶所有人就可按照合同的要求，安排船舶投入营运。

> **想一想**：远洋运输单据的种类有哪些？各有什么作用？
>
> **小启示**：托运单、装货单、收货单、提单等。

（三）内河货物运输流程

内河货物运输流程是按时间顺序排列的。运输过程包括签订运输合同、托运货物、运送货物和交付货物四个环节，如图4.12所示。

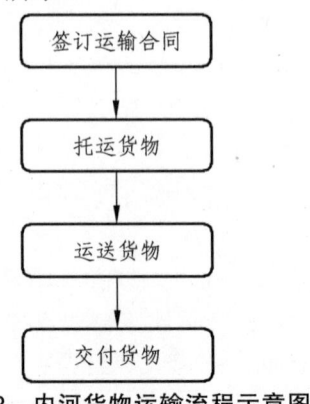

图4.12　内河货物运输流程示意图

1）签订运输合同

内河水路运输的货物可以分为大宗货物和零星货物，在对大宗货物的运输过程中，主要通过合同运输来完成，对零星货物的运输主要通过填制运单托运的办法来实现。

水路运输合同是指承运人收取运输费用，负责将托运人托运的货物经水路由一港（站、点）运至另一港（站、点）的合同。签订合同应本着"平等互利、协商一致、诚实守信、遵守法律"的原则进行，订立运输合同应以书面形式为主。书面形式是指合同书、信件和数据电文（包括传真和电子邮件）等形式。

水路运输中，比较常见的两种运输形式是班轮运输和航次租船运输，根据《国内水路运输规则》和《中华人民共和国经济合同法》的有关规定，它们相对应的运输合同一般要包含以下条款。

班轮运输有：承运人、托运人和收货人名称；货物名称、件数、重量、体积（长、宽、高）；运输费用及其结算方式；船名、航次；起运港（站、点）、中转港（站、点）和到达港（站、点）；货物交接的地点和时间；装船日期；运到期限；包装方式；识别标志；违约责任；解决争议的方法。

航次租船有：出租人和承租人名称；货物名称、件数、重量、体积（长、宽、高）；运输费用及其结算方式；船名；载货重量、载货容积及其他船舶资料；起运港和到达港；货物交接的地点和时间；受载期限；运到期限；装、卸货期限及其计算办法；滞期费率和速遣费率；包装方式；识别标志；违约责任；解决争议的方法。

对零星货物，在实际运输中一般不再签订运输合同，而是用运单来替代合同。水路货物运单一般包括下列各项：①承运人、托运人和收货人名称；②货物名称、件数、重量、体积（长、宽、高）；③运输费用及其结算方式；④船名、航次；⑤起运港、中转港和到达港；⑥货物交接的地点和时间；⑦装船日期；⑧运到期限；⑨包装方式；⑩识别标志；⑪相关事项。

2）托运货物

托运货物主要有两项工作，即填写货物运单、提交货物。

运单应当按照下列要求填制：

（1）一份运单，填写一个托运人、收货人、起运港、到达港。

（2）货物名称填写具体品名，名称过繁的，可以填写概况名称。

（3）规定按重量和体积择大计费的货物，应当填写货物的重量和体积（长、宽、高）。

（4）填写的各项内容应当准确、完整、清晰。

填制运单后即应向承运人提交货物，托运人应当按下述规则和要求办理：

（1）托运人应当及时办理港口、海关、检验、检疫、公安和其他货物运输所需的各项手续，并将已办理各项手续的单证送交承运人。

（2）托运人托运货物的名称、件数、重量、体积、包装方式、识别标志，应当与运输合同的约定相符。

（3）需要具备运输包装的货物，托运人应当保证货物的包装符合国家规定的包装标准；没有包装标准的，货物的包装应当保证运输安全和货物质量。

（4）需要随附备用包装的货物，托运人应当提供足够数量的备用包装，交承运人随货免费运输。

（5）托运危险货物，托运人应当按照有关危险货物运输的规定，妥善包装，制作危险品标志和标签，并将其正式名称和危险性质以及必要时应当采取的预防措施书面通知承运人。

（6）托运人应当在货物的外包装或者表面正确制作识别标志和储运指示标志。识别标志的内容包括发货符号、货物名称、起运港、中转港、到达港、收货人、货物总件数。

（7）除另有约定外，运输过程中需要饲养、照料的活动物、有生植物，以及尖端保密物品、稀有珍贵物品和文物、有价证券、货币等，托运人应当向承运人申报并随船押运。

（8）托运人托运易腐货物和活动物、有生植物时，应当与承运人约定运到期限和运输要求；使用冷藏船（舱）装运易腐货物的，应当在订立运输合同时确定冷藏温度。

（9）托运笨重、长大货物，应当在运单内载明总件数、重量和体积（长、宽、高），并随附清单标明每件货物的重量、长度和体积（长、宽、高）。

（10）散装液体货物只限于整船、整舱运输，由托运人在装船前验舱认可后才能托运装载。

3）运送货物

承运人应按照合同上的约定，在约定的期间内将货物运送到约定的地点。

（1）承运人应当按照运输合同约定的时间、地点、方式、数量接收货物，并使船舶处于适航状态，妥善配备船员、装备船舶和配备供应品，并使干货舱、冷藏舱、冷气舱和其他载货处所适于并能安全收受、载运和保管货物。

（2）承运人应当妥善地装载、搬移、积载、运输、保管、照料和卸载所运货物。

（3）承运人应当按照约定的或者习惯的或者地理上的航线将货物运送到约定的到达港。

（4）承运应当在约定期间，或者在没有这种约定时在合理期间内将货物安全运送到约定地点。

（5）承运人对运输的活动物、有生植物，应当保证航行中所需的淡水。

4）交付货物

交付货物的过程也就是收货人提取货物的过程。

（1）承运人将货物运抵到达港后，应当在24小时内向收货人发出到货通知。到货通知的时间，信函通知的，以发出邮戳为准；传真通知的，以发出时间为准；采用数据电文形式通知的，收件人指定特定系统接收数据电文的，以该数据电文进入该特定系统的时间为通知时间；未指定特定系统的，以该数据电文进入收件人的任何系统的首次时间为通知时间。承运人发出到货通知后，应当每10天催提一次，满30天收货人不提取或者找不到收货人，承运人应当通知托运人，托运人在承运人发出通知后30天内负责处理该批货物。托运人未在规定期限内处理货物的，承运人可以将该批货物作无法交付货物处理。

（2）收货人接到到货通知后，应当及时提货，不得因对货物进行检验而滞留船舶。

（3）根据运输合同的约定应当由收货人委托港口作业的，货物运抵到达港后由港口作业；收货人没有委托时，承运人可以委托港口经营人进行作业，由此产生的费用和风险由收货人承担。

（4）应当向承运人支付的运费、保管费、滞期费、共同海损的分摊和承运人为货物垫付的必要费用以及应当向承运人支付的其他运输费用没有付清，又没有提供适当担保的，承运人可以留置相应的运输货物，但另有约定的除外。

（5）承运人对收集的地脚货物，应当做到物归原主；不能确定货主的，应当按照无法交付货物处理。

（6）承运人交付货物时，应当核对证明收货人单位或者身份以及经办人身份的有关证件。

（7）收货人提取货物时，应当验收货物，并签发收据，发现货物损坏、丢失的，交接双方应当编制货运记录。发生的运输事故按《国内水路运输规则》的规定，分清责任，根据责任承担相应的后果。

（8）收货人在提取货物时没有就货物的数量和质量提出异议的，视为承运人已经按照运单的记载交付货物，除非收货人提出相反的证明。

（9）按照约定在提货时支付运费、滞期费和包装整修、加固费用以及其他中途垫款的，应当于办理提货手续时付清。

（10）收货人在到达港提取货物前或者承运人在到达港交付货物前，可以要求检验机构对货物状况进行检验；要求检验的一方应当支付检验费用，但是有权向造成货物损失的责任方追偿。

> **想一想**：内河运输受理托运作业的要求有哪些？
>
> **小启示**：如发货人在托运货物时，应按承运人的要求填写货物托运单等。

（四）水路货运单证

1. 水路运单

运单是运输合同的证明，是承运人已经接受货物的收据（见表 4.1）。水路运单的内容、填制方法及使用规定如下：

1）货物运单应具备的内容

（1）货物名称。

（2）重量、件数，按体积计费的货物应记载明体积。

（3）包装。

（4）运输标志。

（5）起运港和到达港，海江河联运货物应载明换装港。

（6）托运人、收货人名称及详细地址。

（7）运费、港口费和有关的其他费用及其结算方式。

（8）承运日期。

（9）运到期限（规定期限或商定期限）。

（10）货物价值。

（11）双方商定的其他期限。

2）运单应按照要求填制

（1）一份运单，填写一个托运人、收货人、起运港、到达港。

（2）货物名称填写具体品名，名称过繁的，可以填写概况名称。

（3）规定按重量和体积择大计费的货物，应当填写货物的重量和体积（长、宽、高）。

（4）填写的各项内容应当准确、完整、清晰。

3）运单的使用规定

（1）承运人接收货物应当签发运单，运单由载货船舶的船长签发，视为代表承运人签发。

（2）运单签发后承运人、承运人的代理人、托运人、到达港港口经营人、收货人各留存一份，另外一份由收货人收到货物后作为收据签还给承运人。

（3）承运人可以视情况需要增加或减少运单份数。

表 4.1 水路货物运单

水路货物运单

年　　月　　日

交接清单号码　　　　　　　　　　运单号码

本运单经承托双方签章后，具有合同效力，承运人与托运人、收货人之间的权利、义务关系和责任界限均按《水路货物运输规则》及运杂费用的有关规定办理。

船名航次		起运港							到达日期（承运人章）	收货人（章）	
托运人	全称				收货人	全称					
	地址、电话					地址、电话					
	银行、账号					银行、账号					
发货符号	货号	件数	包装	价值	托运人确定		计费重量		等级	费率	金额	项目运费	费率	金额
					重量/吨	体积（长、宽、高）/立方米	重量/吨	体积（长、宽、高）/立方米						
	合计													
运到期限（或约定）														
特约事项					托运人（公章）　月　日					总计				
										核算员				
					承运日期起运港承运人章					复核员				

说明：

① 此货运单主要适用于江海干线和跨省运输的水路货物运输。

② 水路货物运单、发票一式六份，顺序如下：

第一份：货票（起运港存查联）。

第二份：货票（解缴联）起运港→航运企业。

第三份：货票（货运人收据联）起运港→托运人。

第四份：货票（船舶存查联）起运港船舶。

第五份：货票（收货人存查联）起运港→船舶→收货人。

第六份：货物运单（提货凭证）起运港→船舶→到达港→收货人→到达港存。

③ 除另有规定外，属于港航分管的水路运输企业，由航运企业自行与托运人签订货物运输合同的，均使用航运企业抬头的水路货物运单。

④ 无货运单联需用厚纸印刷，货票各联用薄纸印刷，印刷墨色应有区别：解缴联为红色，收据联为绿色，其他各联为墨。

⑤ 要印控制号码或固定号码。

⑥ 到达港收费，另开收据。

⑦ 规格：长 19 厘米，宽 27 厘米。

2. 水路运输合同

水路货物运输合同是指水路运输企业或者经过批准持有营业执照的个体（联户）船民与其他企业、单位和个人之间达成的有关水路运送货物的权力义务的协议，见表 4.2。根据该协议，水路承运人应当按照托运人的要求，将货物按期、完好地运至目的港，交付制定的收货人，托运人或者收货人支付运费。

1）水路货物运输合同托运人的基本义务

（1）托运的货物必须与货物运单记载的品名相符。如实申报货物的状态，不仅对保证货物运输安全有重要的意义，而且对船舶的安全也是至关重要的。因此，托运人应该如实填报货物的有关情况，针对货物的特点采取相应的安全保障措施，避免发生损失。

（2）在货物运单上准确地填写货物的重量或体积。对起运港具备符合国家规定计量手段的，托运人应当按照起运港核定的数据确定货物重量；对整船散装货物，托运人确定重量有困难时，可以要求承运人提供船舶水尺计量数，作为托运人确定的重量；对按照规定实行重量和体积择大计费的货物，应当填写货物的重量和体积；对笨重长大货物，还应列出单件货物的重量和体积（长、宽、高）。

表4.2　水路运输合同

【标题】月度水路货物托运计划表
【分类】运输类合同

> 本运单经承托双方签章后，具有合同效力，承运人与托运人、收货人之间的权利、义务关系和责任界限均按《水路货物运输规则》及运杂费用的有关规定办理。

月度水路货物托运计划表
年　　月

起运点：　　　　　　提出日期　年　月　日　　　　　　编号：_____

货名	到达港	换装港		收货人	托运量		核定量		备注
		第一	第二		重量	体积	重量	体积	
特约事项									

提计划单位：　　　　　　托运人（签章）　　　　　　承运人（签章）
地址：　　　　　　　　　电话：

说明：①双方当事人在托运计划表上签字盖章后，合同成立，托运人应同时送交填好的货物运单。
　　　②补充计划使用此表，加盖红色"计划外"字样。
　　　③规格：长14厘米，宽23厘米。

（3）需要包装的货物，必须按照国家或国家主管部门规定的标准包装；没有统一规定包装标准的，应在保证运输安全和货物质量的原则下进行包装；需要随时附备用包装的，应提供备用包装。

（4）正确制作货物的运输标志和必要的指示标志。

（5）在托运货物的同时，按照合同规定的结算方式付清运输费用。

（6）实行保价运输的个人生活用品，应提出货物清单，逐项声明价格，并按声明价格支付规定的保价费。

（7）国家规定必须保险的货物，托运人应在托运时投保货物运输险。

（8）按规定必须凭证运输的货物，应当提供有关证件。

（9）按照货物属性或双方商定需要押运的货物，应派人随船押运。

（10）托运危险货物必须按危险货物运输的规定办理，不得匿报品名、隐瞒性质或在普通货物中夹带危险货物。

2）承运人的基本义务

（1）应按商定的时间和地点派遣适航、适载条件的船舶装运，并备妥相应的护货垫隔物料；但按规定应由托运人自行解决的特殊加固、苫垫材料、所需人工除外。

（2）承运人货物的配积载、运输、装卸、驳运、保管及交接工作，应谨慎处理，按章作业，保证货运质量。

（3）对经由其他运输工具集中到港的散装运输、不计件数的货物，如具备计量手段的，应对托运人确定的重量进行抽查或复查；如不具备计量手段的，应在保证质量的前提下，负责原来、原转、原交。对按体积计收运输费用的货物，应对托运人确定的体积进行抽查或复查，准确计费。

（4）对扫集的地脚货物，应该做到物归原主；对不能分清货主的地脚货物，应按无法交付货物的规定处理。

（5）组织好安全、及时的运输，保证运到期限。

（6）按照船舶甲板货物运输的规定，谨慎配装甲板货物。

（7）按照规定的航线运输货物，到达后，应由到达港发出到货通知，并负责将货物付给指定的收货人。

（8）货物的交付。货物到达港口后，由到达港指定卸货地点，并向收货人及时发出到货通知，在货票内注明通知时间。单位提货，提货人应在提货单上签章并加盖公章（或凭单位介绍信）；个人提货，凭本人工作证或其他证件，并在提货单上签章。

3）收货人的基本义务

（1）接到达港到货通知后，应在规定时间内同到达港办妥货物交接验收手续，将货物提离港区。

（2）按规定应由收货人支付的运输费用、托运人少缴的费用以及运输途中发生的垫款，应在提取货物时一次付清。

（3）由收货人自理卸船的货物，应在商定的时间内完成卸船作业，将船舱、甲板清扫干净；对装运污秽货物、有毒害性货物的，应负责洗刷、消毒，使船舱恢复正常清洁状态。

二、小组活动

（一）活动内容

1. 远洋货物运输流程演示。
2. 内河货物运输流程演示。

以上活动内容二选一，每组准备完成后向全班同学演示一遍。

（二）活动安排

1. 以 4～6 人为一个小组。
2. 准备时间为一个星期。

（三）活动要求

1. 熟悉水路运输的流程。
2. 要有高度的工作责任心。
3. 每个小组演示时间为 5 分钟。

（四）评　价

评价表

小组成员					
活动主题	体验水路货物运输的流程				
评价标准	具体内容	分值	小组自评分	小组互评分	教师评分
	准备的程度	20			
	演示过程的流畅性	30			
	具有团队精神	30			
	语言表达	20			
	合计	100			
教师评语					

任务三　理解水路运费核算

任务描述

某进出口公司委托一国际货运代理企业代办一小桶货物以海运方式出口国外。货物的重量为 0.5 吨，小桶（圆的）的直径为 0.7 米、桶高为 1 米。货代最后为货主找到一杂货班轮公司实际承运该货物。货代查了船公司的运价本，运价本中对该货物运输航线、港口、运价等的规定为：基本运价是每运费吨支付 100 美元（USD100/Freight Ton）；燃油附加费按基本运费增收 10%；货币贬值附加费按基本运费增收 10%；计费标准是"W/M"；起码提单按 1 运费吨计算（Minimum freight：one freight ton）。

该批货物的运费应如何计算?

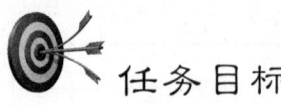

任务目标

1. 了解班轮运输费用的构成。
2. 重点掌握班轮费用的计算方法。

任务实施

一、知识准备

(一)班轮运输费用构成

班轮运费是指班轮承运人根据运输契约完成货物运输后,从托运人那里取得的报酬。从承运人的角度来讲,班轮运费实际上就是班轮运价,也是承运人为了完成货物运输所提供的运输劳务的价格。

班轮运费的计算公式:

班轮运费=基本运费+附加运费
　　　　=总货运量×基本运费率×(1+附加费率)

基本运费是班轮公司为每一计费单位的普通货物在正常运输情况下,在港口之间运输所规定的运价,是构成运费的主要部分。

附加费是由于在实际运输中,各地港口的情况不同、运输所使用的船舶不同、运输的货物不同及其他原因,会使承运人在运输过程中运营费用不同。为了平衡这部分费用,保持在一定期间内的基本费率稳定,又能正确反映出各港口的各种货物的航运成本,出现了附加费。主要有:因商品特点不同而增设的附加费,如超长、超重、超大附加费、洗仓费;因港口的不同情况而增收的附加费,如港口附加费、港口拥挤费、选港费、直航费、绕航费、变更卸货港附加费、转船附加费;根据特殊情况收取的燃油附加费、货重贬值附加费及选卸附加费等。

实际上,附加费的名目很多,而且有些费用要占运费的较大比重,甚至相当于基本运费,如港口拥挤费。因此,我们在计算运费时,必须对附加费给予精确的计算。

> **想一想**:班轮运输费用中,常见的附加费有几种?
> **小启示**:如超重附加费、超长附加费、选卸附加费等。

(二)班轮运输费用计算

1. 班轮运费计收标准

(1)按货物的毛重量计收运费,称之为重量吨,运价表内用"W"表示。

(2)按货物容积或体积计收运费,称之为尺码吨,运价表中用"M"表示。

(3)按货物重量或体积计收运费,由船公司选择其中收取运费较高者计算,运价表中以

"W/M"表示（按此计价时，应以积载系数确定其是重货还是轻货，积载系数是用货物的毛重与体积的比例来确定的。若积载系数大于 1 的为重货，将按重量计收；反之则为轻货，将按体积计收）。

（4）有些价值较高的货物，按货物 FOB 价收取一定百分比作为费用，称为从价运费，运价表内用"A.V"表示。

（5）按每一件为单位计收，一般只对包装固定，包装内的数量和质量、体积也是固定不变的货物，按每箱、每捆或每件等特定的运费额计收。

（6）由船货双方临时议定价格收取的运费，称为议价运费。这种方法往往承运的是一些运量大、货价低、装卸容易、装卸速度较快的货物，如谷物、砂石等。

2. 班轮运费的计算

【例1】金领制衣公司计划从我国的大连港运往南美智利一批衬衫，计收运费标准 W/M 共 300 箱，每箱 30 千克，每箱的长 59 厘米、宽 34 厘米、高 18 厘米，基本运费率每吨 40 美元，特殊燃油附加费 5%，港口拥挤费为 5%。请计算这批货物的运费。

解：W = 30 千克 = 0.030 运费吨（运费吨是重量吨和尺码吨的统称）

M = 0.59×0.34×0.18 = 0.036 108 运费吨

因为 $M>W$，所以采用 M 计费：

运费=基本运费×（1+附加费率）×运费吨

= 40×（1+5%+5%）×（300×0.036 108）

= 476.625 6 ≈ 477（美元）

想一想：水路货物运输费用除了班轮运费，还包括哪些？

小启示：如租船运输费用。

二、小组活动

（一）活动内容

甲海运公司受某服装公司从我国的连云港运往南美阿根廷一批货物，计收运费标准 W/M 共 350 箱，每箱 25 kg，每箱长 60 厘米、宽 30 厘米、高 20 厘米，基本运费率每吨 45 美元，特殊燃油附件费为 6%，港口拥挤费为 6%。请计算这批货的运费。

（二）活动安排

以 2~3 人为一个小组。

（三）活动要求

1. 掌握班轮运输费用计算方法。
2. 各项计算要完整、准确。
3. 每个小组做题时间为 5 分钟。

（四）评　价

评价表

小组成员					
活动主题	掌握水路货物运输费用的计算方法				
评价标准	具体内容	分值	小组自评分	小组互评分	教师评分
	熟知水路运费的组成	50			
	运费计算规范	25			
	团队合作	25			
合计		100			
教师评语					

本模块小结

　　本章系统学习了水路货物运输的组织方式及特点、水路货物运输的流程、水路货物运输费用的计算方法。

　　远洋运输方式包括班轮运输和租船运输两种。

　　班轮运输流程的基本工作流程包括订舱、备货交接、装船换单、海上运输、卸船交货五个部分。

　　班轮运费由基本费和附加费构成。

拓展阅读

福建近几年水路运输发展

　　"十二五"期间，福建省将力争港口年均投资近 100 亿元，加强福州、厦门等港口、航道和集疏运通道建设，加大政府对港口公用基础设施的投入，发展公用码头。加快枢纽场站建设，到 2012 年新增公路、港口客运站 18 个、物流场站 10 个。

福建省交通运输厅厅长李德金说，福建省要依托福州港务集团、湄洲湾港口开发公司、厦门港务控股集团三大主体，分别加大力度，开发福州、湄洲湾、厦门三大港，努力建设若干个具有鲜明特色、功能合理的现代化港区，发挥示范作用。要整合形成三大口岸，并相应调整设置"一关三检"等机构。

据介绍，近期福建省将完成湄洲湾港口移交等工作，力争年底前完成福州宁德港口整合，真正实现港口资源优化配置，服务"大港口"建设。

福建省是全国海岸线最长的省份，可供建设深水码头的港口资源很多。截至 2008 年年底，福建省沿海港口共有 391 个码头泊位，其中万吨级以上泊位 100 个，形成通过能力约 2.3 亿吨（其中集装箱 900 万标箱）；主要港口厦门港、福州港泊位通过能力 1.47 亿吨，集装箱通过能力 790 万标箱。

思考与练习

一、单项选择题

1．下列运输方式中，成本最低的是（　　）。
A．铁路运输　　　　B．航空运输　　　　C．水路运输　　　　D．公路运输
2．载驳船的作用是（　　）的运输方式。
A．衔接大船和码头　　B．大船　　　　C．集装箱和码头　　　D．码头
3．将重庆的 2 万吨红薯运往湖北汉口，选择（　　）方式比较合适。
A．铁路运输　　　　B．公路运输　　　　C．水路运输　　　　D．航空运输
4．海运货物定期班轮主要装运（　　）货物。
A．数量多、价值低的非包装货　　B．包装杂货　　C．散杂货　　D．泡货
5．船务代理按规定的收费标准向（　　）收取船舶和货物的代理费。
A．租船经纪人　　　B．承运人　　　　C．委托人　　　　　D．收货人
6．用班轮运输货物，在规定运费计收标准时，如果采用"$A.V$"的规定办法，则表示（　　）。
A．按货物的毛重计收　　　　　B．按货物的体积计收
C．按货物的件数计收　　　　　D．按货物的价值计收
7．班轮运费包括（　　）。
A．港口费和海运费　　　　　　B．基本运费和附加费
C．运价指数和包干运费　　　　D．海运费和运杂费
8．海洋运输中的计费吨"W/M"是（　　）。
A．仅指重量吨　　　　　　　　B．仅指指尺码吨
C．重量吨与尺码吨之大者　　　D．重量吨与尺码吨之和
9．在海运货物保险中，属于海上风险的是（　　）。
A．受潮　　　　　B．海盗　　　　　C．战争　　　　　D．触礁

二、多项选择题

1. 依据承运人的不同营运要求，租船运输可采用（　　）方式。
   A．航次租船　　　　B．定期租船　　　　C．包运租船　　　　D．光船租船
2. 原材料等大批量的货物，价格低廉或容积形状庞大的货物运输适合于（　　）方式。
   A．公路运输　　　　B．水路运输　　　　C．铁路运输　　　　D．航空运输
3. 海洋运输的特点是（　　）。
   A．运输量大　　　　B．通过能力强　　　C．运费低廉　　　　D．风险较大
4. 远洋运输单据的种类（　　）。
   A．托运单　　　　　B．收货单　　　　　C．装运单　　　　　D．提单
5. 内河运输流程包含（　　）。
   A．签订运输合同　　B．托运货物　　　　C．订舱　　　　　　D．备货交接
6. 水运包括（　　）。
   A．沿海运输　　　　B．近海运输　　　　C．内河运输　　　　D．远洋运输

三、填空题

1. 水路运输的工具主要有集装箱船、散装船、＿＿＿＿、＿＿＿＿、＿＿＿＿、＿＿＿＿、＿＿＿＿。
2. 水路运输的优点包括建设投资省、运输成本低、＿＿＿＿、列车运行速度较高、＿＿＿＿、＿＿＿＿、＿＿＿＿等。
3. 班轮运输流程包括＿＿＿＿、＿＿＿＿、装船换单、＿＿＿＿、＿＿＿＿。
4. 内河货物运输流程包括签订运输合同、＿＿＿＿、＿＿＿＿、＿＿＿＿。
5. 班轮运费由＿＿＿＿、＿＿＿＿等部分组成。

四、简答题

1. 请简述水路货物运输的工具及用途。
2. 请简述水路货物运输的基本流程。

五、计算题

上海运往肯尼亚蒙巴萨港口"门锁"（小五金）一批计 100 箱。每箱体积为 20 cm×30 cm×40 cm。每箱重量为 25 千克。当时燃油附加费为 40%。蒙巴萨港口拥挤附加费为 10%，请计算这批货物的运费是多少？

模块五　航空货物运输

引导案例

南方航空公司布局高端货运市场

中国南方航空有限公司（简称南航），是国内运输飞机最多、航线网络最密集、年客运量最大的航空公司。南航先后联合重组、控股参股多家国内航空公司，是首家加入国际航空联盟的中国内地航空公司。

南航将在乌鲁木齐、沈阳、深圳、哈尔滨、长春、大连、郑州、武汉、长沙、海口、汕头、广州这12个城市，推出"南航快运"机舱货物运输服务产品，并计划在未来两年内，将该项产品下的航空运输货量提升到南航总货量的15%。该项业务已经开始在广州进行测试，5个月内运输货物5万多票，货物总重量达1万多吨，占到了货运总量的9%。

南航推出此项服务的目的是为了提升南航在急件、快件等高端货物运输市场的竞争力。它的主要特点是能够按货主指定的航班，将货物运达目的地，保证了货物运输的时效性。由于"南航快运"的个性化、时效性，它在货运费用方面也会高于其他类型的航空货物运输。

"南航快运"比较适合为各大快递公司的"当日到达"业务服务。对该项业务比较感兴趣的大多为顺丰、圆通、申通等快递公司的特快业务件。

最近一年来，打算自主建设机队的快递公司越来越多，在一定程度上会挤压航空公司的货运业务。南航向利润率较高的高端市场发力，正是为了应对未来航空货物运输市场的激烈竞争。

通过整合航空货物运输链条，开发自有货运站点的经营增长点，借机向物流运输供应链两端延伸业务，可能是航空公司货物运输未来发展的大方向。

任务一　认识航空货物运输

任务描述

放暑假了，福州学生雯雯被邀请去广州的表姐家度假。第一次去广州，不知道乘坐哪种运输工具好，于是雯雯就上网查询，坐汽车要十小时左右，火车得花十几个小时，飞机只要一个多小时。相比汽车票、火车票,机票最贵了,但是路上花费时间最少,长这么大还没坐过飞机,于是她就决定这次旅行乘飞机去广州。上网订好了机票,快要出发时,雯雯看着一大堆行李犯愁了,笔记本电脑、数码相机、换洗衣物,还有好多要带给表姐的家乡特产……这么多行李能不能随身带上飞机?如果不行,那这些物品可以通过飞机运输吗?

同学们,你们知道吗?

任务目标

1. 认识航空货物运输的定义。
2. 了解航空运输的设施设备。
3. 理解航空货物运输方式的优点及缺点。

任务实施

一、知识准备

(一)航空运输设施与设备

1. 认识航空货物运输

航空货物运输是指在具有航空线路和飞机场的条件下,以飞机作为运输工具进行货物运输的商业活动,是目前国际上安全、迅速的一种货物运输方式,如图5.1所示。航空货物运输方式适用于高价值、易损坏、市场销售周期短、运达时效要求高的货物的长途运输。

图 5.1 航空货物运输示意图

航空货物运输在我国运输业中,其货运量占总运输量的比重还较小。随着经济和物流行业的快速发展、科学技术的进步以及社会活动节奏的加快,附加值高、对运费承受能力强、运输速度要求高的货物越来越多,极大地推动了航空货物运输的发展。

> **想一想:** 哪些货物适合采用航空运输方式,请举一些例子。
> **小启示:** 高价值、易损坏、销售周期短的货物,如鲜花、珠宝等。

2. 航空运输设施与设备

1）飞　机

飞机是航空器的一种，是目前最主要、应用最广泛的航空器，它的特点是有推进装置提供推力（或拉力），主要由机翼产生升力，由操纵面控制飞行方向。货机舱内设有装卸货物和集装箱的辅助设备，如起重、滑动装置和货物固定设备等。货运飞机如图 5.2 所示。

目前，纯粹经营货物运输的飞机不多，国外的 DHL、UPS、联邦快递以及国内的顺丰、EMS 等经营包裹快递业务的物流公司拥有自有货机，其余的航空货物运输大多数都是搭载客运飞机的。

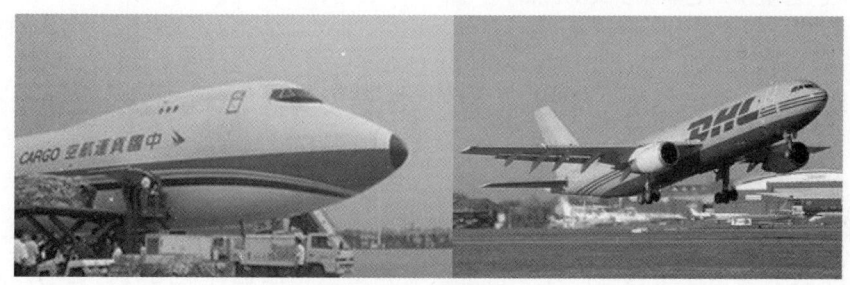

图 5.2　货运飞机

2）航空港

航空港是航空运输用飞机场及其服务设施的总称，是用于飞机起飞、着陆、滑行、停放、维修等活动的场地，其中有为飞行服务的各种建筑物和设施，如图 5.3 所示。在航空港内，除飞机场外，还有为客、货运输服务的设施，如候机楼、货运站等。

图 5.3　航空港

航空港一般由飞行区、客货运输服务区和机务维修区三个部分组成。

（1）飞行区。

飞行区是航空港的主要区域，占地面积最大。飞行区域有跑道、滑行道和停机坪，以及各种保障航行安全的设施、无线电通信导航系统、目视助航设施等。

（2）客货运输服务区。

客货运输服务区是旅客、货物运输服务设施所在区域，包括客机坪、候机楼、停车场等，其主要建筑是候机楼。区内还配备有旅馆、银行、公共汽车站、进出港道路系统等。货运量较大的航空港还设有专门的货运站。

(3) 机务维修区。

机务维修区是维修厂、维修机库、维修机坪等设施的所在区域，区内有为保证航空港正常工作所必需的各项设施，如供水、供电、供热、供冷、下水等各种公用设施以及消防队、储油库、铁路专用线等。

整个航空港的布局以跑道位置的安排为基础。根据跑道位置布置滑行道、客机坪、货机坪、维修机坪以及其他飞机活动场所。客货运输服务区的位置通常位于连接城市交通网并紧邻飞行区的地方。

（二）航空货物运输的优缺点

1. 航空货物运输的优点

航空货物运输作为一种现代化运输方式，具有许多其他运输方式无可比拟的优越性，主要优点有：

（1）运输速度快。

"快"是航空运输最大的优势，它可满足易腐烂变质的鲜活商品对时效性的要求。由于航空运输大大降低了货物在途风险，许多精密仪器和贵重物品也都采用这种运输方式。距离越长，航空运输节约的时间越多，快速的特点也越显著。

（2）不受地面条件影响，机动性大。

飞机在空中飞行，受航线条件限制的程度比地面上汽车、火车、轮船小得多。它可以将地面上任何距离的两个地方连接起来，可以定期或不定期飞行。特别对灾区的救援等紧急任务能发挥更大的作用。

（3）安全准确，节约包装及仓储费用。

采用高速且管理完善的航空货物运输方式，货物在途时间短、商品周转速度快，可以简化商品包装、降低货物库存数量，有利于企业加快资金周转、节约包装和仓储等费用。

（4）基本建设周期短，投资少。

航空货运的基础设施主要有机场、导航设施和飞机，建设周期短、投资少、收效快。不像铁路、公路运输需要在线路上花大量投资。

2. 航空货物运输的缺点

（1）载货量小。

航空货运的主要缺点在于飞机机舱容积和载重量都比较小，不适于运送大件货物或大批量货物。

（2）不适用于短途运输。

（3）运输成本高。

（4）易受气候条件影响。

二、小组活动

（一）活动内容

活动主题为"认识空运货物"。通过本任务基础知识的学习，在老师指导下，各小组成员借助学校图书馆书本资料、各类期刊、互联网等，了解空运货物的种类及限制，例如哪些货物可以通过航空运输、哪些货物属于空运违禁品等，拓展知识面。将搜集到的信息、资料进行分析总结，并制作成图文并茂的PPT，每组选出一名代表向全班同学讲解。

（二）活动安排

1．以4～6人为一个小组。

2．各小组制作PPT进行结果分享。

3．准备时间为三天。

（三）活动要求

1．资料详尽、正确。

2．总结归纳到位，讲解生动。

3．每个小组派一名代表讲解，时间为8分钟左右。

（四）评　价

评分表

小组成员					
活动主题		认识空运货物			
评价标准	具体内容	分值	小组自评分	小组互评分	教师评分
	查阅资料的渠道多	20			
	资料真实、广泛	30			
	语言表达	20			
	课件制作效果好	30			
合计		100			
教师评语					

任务二 体验航空货物运输流程

 **任务描述**

放暑假了,小林来到福州一家航空货运代理公司进行暑期实习,作为物流服务与管理专业的学生,小林对有机会接触到物流企业的工作现场来学习实际运作感到很兴奋。公司物流部的工作人员都很忙,电话铃声此起彼伏,每个员工都忙着发邮件、传真文件、核对资料,有些还用英文进行电话交谈。经过几天的学习,小林了解到通过航空运输的货物一般都是急件,时效性要求很高,货运操作流程也比较烦琐,所以她们工作要特别认真,不允许出错,万一哪个流程出了问题,导致货物无法进港、出港,就会错过航班,将可能给客户造成很大的损失。现在,有一批空运货物要从福州运至韩国,此单由小林独立处理,通过这段时间的认真实习,小林已经基本掌握了空运货物进出港的操作流程,他相信自己一定能完成任务。

同学们,你们知道货物通过航空运输方式都有哪些流程吗?

 **任务目标**

1. 熟悉航空货运流程中的各环节内容。
2. 理解航空货物出港、进港的定义。
3. 掌握发货人的空运进出港操作流程。
4. 掌握航空公司的空运进出港操作流程。

 **任务实施**

一、知识准备

(一)航空货运整体环节

1. 委托运输

发货人与航空货运代理公司就出口货物运输事宜达成意向后,发货人填写货物托运书,作为货主委托空运代理人办理航空货物运输的依据,并提供与运输有关的资料和文件。航空货运代理根据委托书的要求办理输运手续,并据以结算费用。

货运代理根据货物的件数、重量、体积和航空公司的要求,制定预配舱方案,并对每票货配上运单号,打印出总运单号、件数、重量、体积,向航空公司预订舱。此时,货物一般还没有入仓,预报和实际的件数、重量、体积都会有差别,这些可以等正式订舱时再做修改。

> **小资料**：货物托运的一般规定
>
> 托运人托运货物应填写货物托运书，并提供与运输有关的资料和文件。
>
> 托运人应对所填托运书中各项内容和所提供的资料和文件的真实性和准确性负责。
>
> 托运人所托运的货物必须符合有关始发、中转和目的地国家的法律、法令、和规定以及承运人的一切规章。
>
> 托运人在托运货物前，必须自行办妥始发地海关、卫生检疫等各项手续。
>
> 托运人托运鲜活物品、贵重物品、活体动物、危险物品、有时间限制要求及大批量货物时，应事先向承运人定妥航班、日期、吨位，并按约定的时间办理托运手续。

2. 审核单证

空运代理审核确认的托运书以及报关资料和收货凭证，制作操作交接单，填上所收到的各种报关单份数，给每份交接单配一份总运单或分运单。如果此时货未收到货未到全，可以按照托运书上的数据填入交接单并注明，等货物到齐后再进行修改。

3. 接收货物

空运代理接收货物时应对货物进行称量和丈量，并根据发票、装箱单清点货物，核对货物的品名、数量、合同号、唛头等是否一致。还要特别注意货物的外包装是否符合航空运输基本要求，然后在每件货物的包装上详细写明收货人、通知人和托运人的姓名和地址。若货物外包装无法书写，可以写在纸板上，再拴挂在货物上。

4. 配舱和订舱

货物都已经入库后，空运代理根据预订舱位、板箱的领用合理配载，按照各航班机型、板箱型号、高度、数量进行配载，并向航空公司正式提出运输申请，定妥舱位。一般来说，大宗货物、紧急物资、现货、易腐物品、危险品和贵重物品，必须预定舱位。非紧急的零散货物可以不预定舱位。

订舱时，空运代理需要向航空公司申请并填写订舱单。航空公司安排航班和舱位，签发舱位确认书（舱单）。

5. 交接发运

空运代理将随机单据和应由承运人留存的单据以及货物交给航空公司，由航空公司安排航空运输。

6. 航班跟踪反馈

航空公司由于种种原因，如航班取消、延误、故障等，可能未能将货物按照预定时间及时运出。因此，在将单证和货物交给航空公司后，需要对航班、货物进行跟踪，这一工作通常是由航空货运代理公司的客服人员负责，实际工作中，发货人、收货人、空运代理人等多方也会一起追踪。

> **想一想：**可以通过哪些途径查询货物航班信息、追踪货物呢？
> **小启示：**电话查询、互联网等。

7. 费用结算

费用结算主要涉及货运代理同发货人、承运人、目的地代理人之间的结算。在运费预付的情况下，涉及的费用主要有航空运费、地面运输费、各种服务费和手续费。

8. 到货预报

发货方将运单、航班、品名、件数、数量、实际收货人及其地址、联系电话等内容通过传真或邮件等方式发至目的地。到货预报的目的是让收货人提前做好接货准备工作，包括了解货物到达情况及准备相关所需的文件。

9. 交接、核对单据

对于国际航空货物运输，货物入境时，与货物有关的单据也随机到达。货物处于海关监管下，货物卸下后存入航空公司或机场的监管仓库。航空公司或其地面代理人发提货通知。若运单上的收货人或通知人为某航空公司集运商时，运输单据和货物交给该集运商。航空公司与集运商进行货物交接清单、总运单、随机文件的交接和核对，要做到交接清单与总运单核对、单货核对都一致。此时，若发现货物短缺、破损或存在其他异常情况，应向民航索要商务事故记录作为交涉索赔事宜的依据。

10. 理货和仓储

集运商自航空公司接货后立即短途驳运进自己的监管仓库，组织理货及仓储。集运商整理有关单证并向收货人发出到货通知。货运代理人应从航空运输的实效出发，为减少收货人仓储费用，避免海关滞纳金，应尽早通知收货人到货情况，提醒收货人备齐有关单证、尽快报关。

11. 报关

按照海关要求，依据运单、发票、装箱清单及证明货物合法进口的有关批准文件，收货人指定的报关人员要准备好"进口货物报关单"，到海关处办理进口报关手续。

12. 提货

办理完报关等手续，收货人凭有海关放行章、检验检疫章的提货单到所属监管仓库付费提货。集运商也可以为收货人提供送货服务，即在进口清关后直接把货物运送给收货人。

（二）航空货物出港操作流程

航空货物出港是指从托运人发货到承运人把货物装上飞机的物流、信息流的实现和控制管理的全过程，包括发货人和航空公司两方面的操作流程。

1. 发货人的出港货运流程

这里以最复杂的航空货物出口运输为例，这一工作通常委托航空货运代理人办理。主要流程如图 5.4 所示。

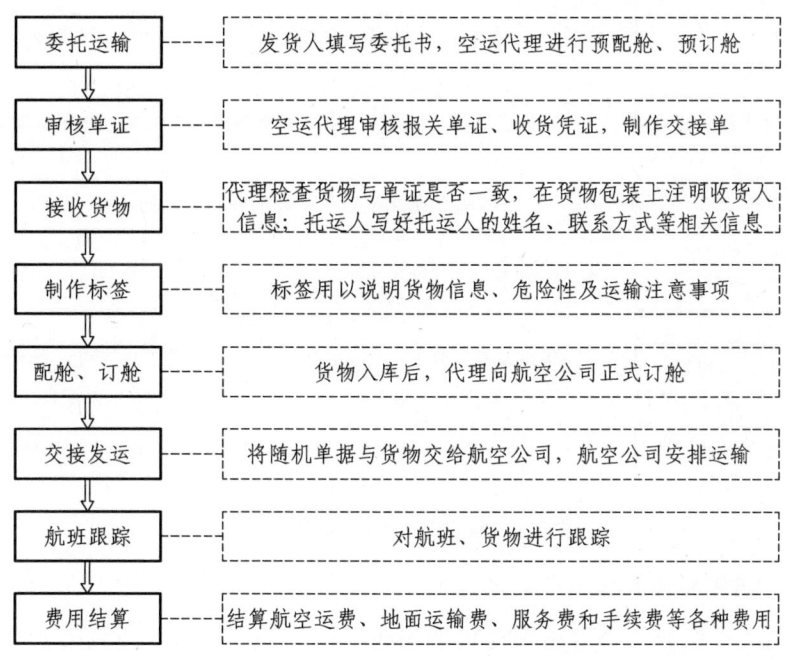

图 5.4　发货人的出港货运流程

2. 航空公司的出港货运流程

航空公司的出港货运流程是指自货方将货物交给航空公司，直到货物装上飞机的整个操作程序。包括预审、整理、计量和入库、出库等环节。

（1）预审货物订舱单。配载人员应严格按照这一单据的要求配载。

（2）整理的单据包括已入库的单据、现场收运的货物的单据、中转散货的单据。检查入库通知单、交接清单是否清楚完整，运单是否与交接单一致；核对订舱单，记录货物实际到达情况；审核报关单、货物清单及海关放行章。

（3）对货物进行称重等计量后才能入库。

（4）货物出港时要制作平衡交接单、舱单。平衡交接单包括航班、日期、机型、起飞时间、板箱号、重量等。舱单是飞机所载货物的清单，是向海关申报的文件，也是结算运费的依据之一。

（三）航空货物进港操作流程

航空货物进港是指从飞机到达目的地机场开始，航空公司将货物卸下飞机，直到交给收货人的物流、信息流的实现和控制管理的全过程，包括航空公司和收货人两方面的操作流程。

1. 航空公司的进港货运流程

航空公司的进港货运流程是指从飞机到达目的机场，承运人把货物卸下飞机直到交给收货人的整个流程。以国际航空货运为例，航空公司的进港货运流程如图 5.5 所示。

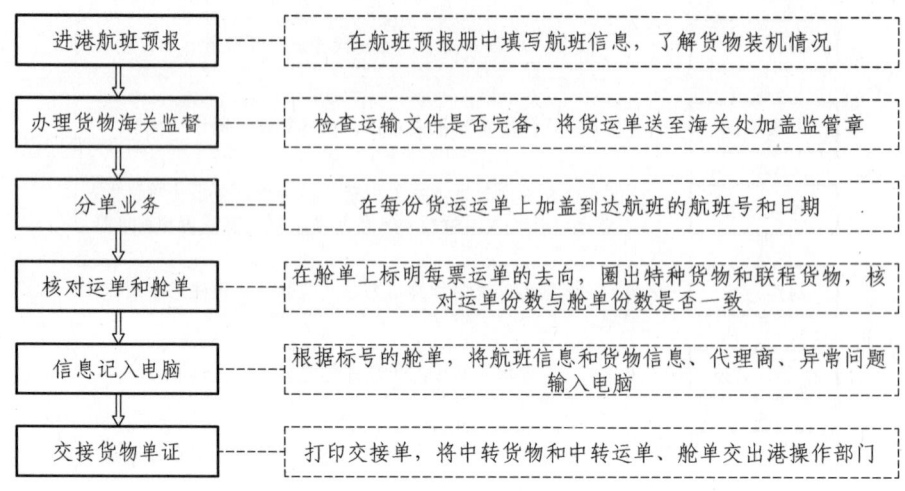

图 5.5　航空公司的进港货运流程

2. 收货人的进港货运流程

收货人的进港货运业务通常由空运代理完成，它是指货物从入境到提取整个过程所需办理的手续及相关单证的准备，包括到货预报、交接单货、理货与仓储、制单与报关、收费与发货。

（1）到货预报指的是发货之前，发货人将运单号、航班、货物信息、实际收货人信息通过传真或邮件方式发目的地，以便于目的地做好接货的准备工作。

（2）交接单货要做到单单一致、单货一致。

（3）理货与仓储是代理人自航空公司接货后运进自己的监管仓库，并向收货人发出到货通知，提醒收货人备齐有关单证。

（4）制单与报关是指按海关要求，制作"进口货物报关单"等单证，办理尽快报关手续。

（5）收货人凭提货单到监管仓库付费提货，或者可以由代理人提供送货服务。

二、小组活动

（一）活动内容

本活动主题为"体验航空货运流程"，活动形式是在设定情境下进行角色扮演。大家结合本节任务所学的知识，表演出从发货人的航空货物委托运输开始、至货物交付收货人这一过程中各个流程的内容，每位同学认真完成自己所分配角色的工作。

（二）活动安排

1. 活动地点可选择在校内物流专业实训室或者教室，活动前需安排清理出较大空间，以便表演。

2. 准备好相关所需道具，如电话、电脑、笔、纸、空白航空单证等。

3. 以 5 人为一个小组，各组成员的角色分配：例如发货人 1 人，空运货代操作 2 人（操作人员可再进行细分为单证、财务、外勤等等），机场货运操作 1 人，收货人 1 人。

4. 准备完毕，各组分别进行航空货物运输流程展示，表演需贯穿整个操作流程，表演时间在 15 分钟内。

5. 准备时间为 3 天。

（三）活动要求

1. 运输流程设计正确。
2. 熟悉工作内容，表演到位。
3. 每个小组表演时间控制在 15 分钟内。

（四）评　价

评分表

小组成员					
活动主题	体验航空货运流程				
评价标准	具体内容	分值	小组自评分	小组互评分	教师评分
	运输流程安排正确	20			
	工作内容准确	30			
	语言表达	20			
	小组合作，具有团队精神	30			
	合计	100			
教师评语					

任务三　认识航空货运单证

任务描述

2013 年 2 月，某航空货运代理公司负责为一运动品牌公司空运一批运动装。在填写运单时，双方约定"运费到付"，但由于工作人员疏忽，该运动品牌公司没有签章。货到后，其拖欠运费，结果造成很多不必要的麻烦。

同学们，你们知道航空货运单上都要填写哪些内容吗？

任务目标

1. 了解航空货运中涉及哪些单证。
2. 熟练掌握空运委托书的内容。
3. 熟练掌握航空货运单的内容。

任务实施

一、知识准备

（一）航空运输单证

航空运输单证是进行航空运输必不可少的单据。航空货物运输中涉及的单证有货物托运书、航空货运单、装箱清单、报关单、商业发票等。

> **小资料**：航空货运单的作用
> 1. 是发货人与航空承运人之间的运输合同。
> 2. 是承运人签发的已接受货物的证明。
> 3. 是承运人据以核收运费的账单。
> 4. 作为报关单证之一。
> 5. 作为保险证明。
> 6. 是承运人内部业务的交接依据。

（二）货物托运书

货物托运书（见表5.1）作为填写货运单的依据，正常应由托运人自己填写，而且必须签字或盖章。托运书的内容主要包括以下这些项目：

① Shipper 托运人栏：填写托运人的全称、地址、城市、国家以及电话号码。

② Consignee 收货人栏：填写收货人的全称、地址、城市、国家以及电话号码。

③ Notify Party（Also Notify）通知栏（另请通知栏）：填写除了收货人以外需要通知到的其他人。

④ Nature and Quantity of Goods 货物的品名及数量：应详细写明每一种货物的具体品名和数量。应与货物进出口许可证以及商业发票上的名称相符。

⑤ Payment 付款方式栏：填写付款方式是"Prepaid 预付"还是"Collected 到付"

> **想一想**："Prepaid 预付"和"Collected 到付"各是什么意思？
>
> **小启示**：Prepaid 预付——由托运人在始发地支付运费；
> Collected 到付——由收货人在目的地支付运费。

⑥ Airport of Departure and Destination 始发站和到达站：填写起运地和目的站机场全称或所在城市的名称。

⑦ Signed with Company Chop 托运人签名盖章栏：托运人签字和盖章。

表 5.1　空运货物托运书

请注意：带*为必填项目

*始发站/ Airport of Departure	*到达站/Airport of Destination	*预定航班/Flight No & Date 国际☐　　国内☐	
*发货人名称、地址和电话		通知人/Notify Party	
*收货人名称、地址和电话/		备注/ Remark	
*件数 No. of package	*毛重 G/W	*体积 Measurement	*尺寸 Dimensions	*货物品名 Nature of goods	唛头 Marks
*收费明细 Charge list	运费(含燃油/地勤/保险)： 清关送货费：	报关费： 短途运费：	AAMS： 叉车费： 其他：	检验检疫费： 单证费：
*付款方式 Payment	☐ 预付/Prepay （请注明支付方式）	☐ 到付/Collect 代收金额： 外币汇率：	月结合同号：
*操作要求 Other requirement	上门提货☐	货送机场☐	随机文件☐	

托运人声明：

1.托运人证实以上资料全部属实，并同意承运人必要时抽查货物，或核实其重量和体积。2.托运人保证其包装安全、牢固，若在运输过程中因其包装问题造成破损的，承运人不负责任。3.托运人要自备好清关资料、若因托运人资料不全而导致货物被扣关的，承运人则不负责任。4.托运人与承运人必须严格遵守国际航空运输条约（IATA），以及《华沙公约》，托运人须为其货物自行购买保险，若在运输过程出现丢失或破损，收货人必须在收货时确认，并即时提供相关证明，承运人则按照《华沙公约》规定承担最多不超过 USD100/票 的赔偿责任，对于因故做成的间接损失，或因不可抗力如：战争、禁运、地震等做成的损失，承运人不负任何责任。5.托运人必须要在承运人出示提单（含副本）之日起 3 个工作日内把运费付清，否则承运人可保留不放货的权利，若运费到付过程中收货人拒付，则托运人无条件承担支付全部运费及相关费用的责任，并在收到承运人通知后 15 天内付清。

*托运人公章　　　　　　*签字　　　　　　　*日期　　　　　　　　*电话
Shipper's chop:　　　　Signature:　　　　　Date:　　　　　　　　Tel:

（三）航空货运单

1. 航空货运单的定义

航空货运单（The Air Waybill, AWB），是承运人、托运人双方的运输合同，也是货物运输的凭证，但它不具有物权凭证的性质。航空货运单与海运提单有很大不同，却与国际铁路运单相似。它是由承运人或其代理人签发的重要的货物运输单据，其内容对双方均具有约束力。航空货运单不可转让，持有航空货运单也并不能说明可以对货物拥有所有权。

航空货运单主要分为两大类：航空主运单和航空分运单。凡由承运人签发的航空货运单称为主运单。它是承运人据以办理货物运输和交付的依据，是承运人和托运人之间订立运输合同证明，每一批航空运输的货物都有自己相对应的航空主运单。由代理人或者集中托运人自己印制的在办理集中托运业务时签发的航空货运单称为航空分运单。该分运单不能作为航空货物的运输凭证。

> **小资料**：集中托运
>
> 集中托运是指航空货运代理公司（也称集中托运商）将若干批单独发运到同一方向的货物，组成一整批，填写一份主运单，发到同一目的站，由航空公司委托目的站当地的代理人（也称分拨代理商）负责收货、报关并交付给每个实际收货人。航空货运代理公司对每一发货人另发一份代理公司签发的分运单，以便发货人转给收货人，凭此提取货物或收取货物价款。
>
> 集中托运在国际航空运输界开展比较普遍，是航空货运代理公司主要业务之一。对于航空公司来说，若干批货物集中托运，可以减少许多手续，且可节省费用，从运费差价中获得利益。

2. 航空货运单的内容

1）国际航空货运单

国际航空货运单主要内容如下：

① The Air Waybill Number 货运单号码：填写货运单号码，由承运人填写。

② Shipper's Name and Address 托运人姓名和地址：填写托运人的全名，地址填写国家名称、城市、街道的名称、门牌号码、邮政编码和电话号码。托运人的姓名要与其有效身份证件相符，地址要详细，邮政编码和电话号码要清楚准确。

③ Shipper's Account Number 托运人账号：此栏根据承运人的需要，填写托运人账号。一般情况不填。

④ Consignee's Name and Address 收货人姓名及地址：填写收货人的全名，地址填写国家名称、城市、街道的名称、门牌号码、邮政编码和电话号码。收货人的姓名要与其有效身份证件相符，地址要详细，邮政编码和电话号码要清楚准确。

⑤ Consignee's Account Number 收货人账号：根据承运人的需要，填写收货人账号。此栏一般不填写，除非最后的承运人需要。

⑥ Issuing Carrier's Agent Name and City 代理人名称和城市：填写代理人的名称及其所在的城市，应清楚、详细。

> **小资料**：货运单的号码
>
> 货运单号码是货运单不可缺少的组成部分，每份货运单都有一个号码，它是托运人、收货人或其代理人向承运人询问货物运输情况的重要依据，也是承运人运输、处理、查询货物时必不可少的依据。
>
> 货运单号码组成如下所示：
>
> $$\underset{A}{777} - \underset{B}{1234567} \ \underset{C}{5}$$
>
> A：航空公司的 IATA 票证代号。（由三位数字组成）
> B：货运单的序号。（由 7 位数字组成）
> C：检验号。（由组成序号的 7 位数字除以 7 所得的余数组成）

⑦ Agent's IATA Code 代理人的 IATA 代号：在代理人 NON-CASS 系统区，必须填写 IATA 七位数字的代号，如 81-4 1234；在代理人 CASS 系统区，还应填写三位数字的地址代码及检查号，如 81-401234/026。

⑧ Account No. 代理人账号：根据承运人的需要，填写代理人账号。

⑨ Airport of Departure（Addr. of First Carrier）and Requested Routing 始发站机场（第一承运人地址）和所要求的运输路线：此栏填写货物始发站机场的名称，应填写英文全称不得简写或使用代码。运输路线可填写托运人所要求的运输路线，可用 IATA 三字代号表示。

⑩ Account Information 财务结算注意事项：填写与结算有关的注意事项。

⑪ Currency 币种：填写始发站所在国家的货币的三字代码（由国际标准化组织，即 ISO 规定）。

⑫ WT/VAL 航空运费/声明价值附加费的付款方式：航空运费和声明价值附加费必须同时全部预付或者到付，并在相应的栏目"PPD"（预付）、"COLL"（到付）内填写"X"。

⑬ Declared Value for Carriage 供运输用声明价值：填写托运人向承运人办理货物声明价值的金额。托运人未办理货物声明价值，必须填写"NVD"（No Value Declaration）字样。

⑭ Declared Value for Customs 供海关用声明价值：填写托运人向海关申报的货物价值。托运人未办理此声明价值，必须填写"NCV"（No Value Declaration）字样。

⑮ Airport of Destination 目的站机场：填写货物目的站机场的名称，应填写英文全称，不得简写或使用代码。如有必要，填写该机场所属国家、州的名称或城市的全称。

⑯ Amount of Insurance 保险金额：中国民航不代理国际货物的保险业务，此栏填写"NIL"或者"×××"等字样。

⑰ Handling Information 储运事项：填写货物在仓储和运输过程中所需要注意的事项。

⑱ No. of Pieces / RPC 件数/运价点：填写货物的件数，如果所使用的货物运价种类不同

时，应分别填写。如果货物运价系分段相加运价，将运价组成点（运价点）的 IATA 三字代码填写在件数下面。

⑲ Gross Weight 毛重：与件数相对应，填写货物的毛重。

⑳ Commodity Item No.商品代号：使用指定商品运价时，填写指定商品代号；使用等级货物运价时，填写所适用的普通货物运价的代号及百分比数。

㉑ Chargeable Weight 计费重量：填写据以计收航空运费的货物重量。

㉒ Rate/Charge 费率：填写所适用的货物运价。

㉓ Total 航空运费：填写根据货物运价和货物计费重量计算出的航空运费金额。

㉔ Nature and Quantity Goods 货物品名及数量（包括尺寸或体积）：填写货物的具体名称及数量。作为货物运输的行李应填写其内容和数量，或随附装箱清单。

㉕ Weight Charge 航空运费：填写航空运费总额，可以预付或者到付，根据付款方式分别填写。

㉖ Tax 税款：填写按规定收取的税款额，可以预付或者到付，根据付款方式分别填写。

㉗ Total Other Charges Due Agent 交代理人的其他费用总额：填写交代理人的其他费用总额，可以预付或者到付，根据付款方式分别填写。

㉘ Total Other Charges Due Carrier 交承运人的其他费用总额：填写交承运人的其他费用总额，可以预付或者到付，根据付款方式分别填写。

㉙ Total prepaid 全部预付货物费用的总额：填写合计的预付货物运费的总额。

㉚ Total Collect 全部到付货物费用的总额：填写合计的到付货物运费的总额。

㉛ Signature of Shipper or his Agent 托运人或其代理人签字、盖章：由托运人或其代理人签字、盖章。

㉜ Executed on（date）填开日期：填写货运单的填开日期，年、月、日。

㉝ For Carrier's Use only at Destination 仅限在目的站由承运人填写：填写到达地国家的币种和汇率、到付货物运费、在目的站发生的货物运费额及合计金额。

㉞ at（place）提取货物地点：填写收货人提取货物的地点。

㉟ on（date/time）提取货物时间：填写收货人提取货物的日期（时间）。

㊱ Signature of Consignee or his Agent 收货人或其代理人签字：由收货人签字。

2）国内航空货运单

相比国际航空货运单，国内航空货运单比较简单，主要内容有以下几项：

① 出发站、到达站：填写出发站和到达站的全称，国内航空公司的名称和代号。

② 收货人、发货人的姓名、地址和电话：填写单位或个人的全名、详细地址、邮编、电话。保密单位应写邮政信箱或单位代码。

③ 货物品名：填写货物的具体品名而非表示货物类别的笼统名称。

④ 件数及包装：填写实际货物的件数、包装种类和包装材料。

⑤ 储运注意事项：填写货物特性和储运注意事项，如"易碎"、"防潮"等；货物到达后的提取方式；个人托运物品的详细内容和数量等。

国内航空货运单如表 5.2 所示。国际航空货运单如表 5.3 所示。

表 5.2　国内航空货运单

出发站		到达站			
收货人名称		电话			
收货人地址					
发货人名称					
发货人地址					
空陆转运	自　　　至		运输方式		
货物品名	件数及包装	重量			价值
		计费		实际	
航空运费：（每千克￥）	￥	储运注意事项		收运站	
地面运输费：（每千克￥）	￥			日期	
空陆转运费：（每千克￥）	￥			经手人	
中转费：（每千克￥）	￥				
其他费用	￥				
合计	￥				

表 5.3　国际航空货运单

023				023 -	
Shipper's Name and Address	Shipper's Account Number				
		Copies 1， 2 and 3 of this Air Waybill are originals and have the same validity.			
Consignee's Name and Address	Consignee's Account Number	It is agreed that the goods described herein are accepted for carriage in apparent good order And condition （except as noted） and SUBJECT TO THE CONDITIONS OF CONTRACT ON THE REVERSE HEREOF. ALL GOODS MAY BE CARRIED BY AND OTHER MEANS INCLUDING ROAD OR ANY OTHER CARRIER UNLESS SPECIFIC CONTRARY INSTRUCTIONS ARE GIVEN HEREON BY THE SHIPPER. THE SHIPPER'S ATTENTION IS DRAWN TO THE NOTICE CONCERNING CARRIER'S LIMITATION OF LIABILITY. Shipper may increase such limitation of liability by declaring a higher value for carriage and paying a supplemental charge if required.			
Issuing Carrier's Agent Name and City			Accounting Information		

续表 5.3

023										023 -		
Agent's IATA Code		Account No.										
Airport of Departure (Addr. of First Carrier) and Requested Routing												
To	By First Carrier Routing and Destination	to	by	to	by	Currency	CHGS Code	WT/VAL PPD / COLL		Other PPD / COLL		Declared Value for Carriage	Declared Value for Customs
Airport of Destination		Flight/Date		Amount of Insurance		INSURANCE - If Carrier offers insurance, and such insurance is requested in accordance with the conditions thereof, indicate amount to be insured in figures in box marked "Amount of Insurance."						
												For carrier Use Only
(For USA only) These commodities licensed by U.S. for ultimate destination ………………………………..Diversion contrary to U.S. law is prohibited												
No of Pieces RCP	Gross Weight	Kg lb	Rate Class Commodity Item No.	Chargeable Weight	Rate Charge		Total			Nature and Quantity of Goods (incl. Dimensions or Volume)		
			Prepaid Weight Charge COLLECT				Other Charges					
			Valuation Charge									
			Tax									
			Total other Charges Due Agent			Shipper certifies that the particulars on the face hereof are correct and that insofar as any part of the consignment contains dangerous goods, such part is properly described by name and is in proper condition for carriage by air according to the applicable Dangerous Goods Regulations.						

续表 5.3

023				023 —		
Total other Charges Due Carrier						
			Signature of Shipper or his Agent			
Total Prepaid	Total Collect					
Currency Conversion Rates	CC Charges in Dest. Currency					
			Executed on （date） at （place） Carrier or its Agent		Signature of Issuing	
For Carrier's Use only at Destination	Charges at Destination	Total Collect Charges	023 —			

二、小组活动

（一）活动内容

本活动主题为"填写空运委托书和航空货运单"，通过本任务的学习，大家需要学会常见的空运单证填写的内容。

（二）活动安排

1．以2人为一个小组：托运人1人，单证员1人。

2．老师提供好统一格式的空白空运委托书和航空货运单范本，每位学生一份（按各自的角色领取对应的单证）。

3．领取单证后，托运人先想好需要托运什么货物以及货物的重量、体积等货物相关信息，然后独立填写空运委托书。

4．托运人将填好的空运委托书递交给单证员，两者进行充分沟通后，单证员填写航空货运单。

5．单证的填写也可以在电脑上操作，老师先将电子档的空白空运委托书和航空货运单范本发给学生，学生直接在电脑上填写。

（三）活动要求

1．单证填写内容正确。

2．单证上应填写的项目必须齐全，没有遗漏。

3．字迹清晰，文字规范，英文和数量单位书写正确。

（四）评　价

评分表

小组成员					
活动主题	填写空运委托书和航空货运单				
评价标准	具体内容	分值	小组自评分	小组互评分	教师评分
	两项单证填写正确、齐全	30			
	字迹清晰，文字规范	20			
	完成速度快	20			
	小组合作，具有团队精神	30			
	合计	100			
教师评语					

任务四　理解航空货物运费核算

任务描述

福州市某工艺品公司专门制造木质工艺品，产品远销东南亚。该公司的产品设计中心位于总部——日本，近日公司生产了几件新产品，需要运到日本给设计中心的工作人员修正。由于公司要在即将来临的木制工艺品需求旺季推出此新产品，批量生产时间紧急，于是该公司决定采用航空运输方式将此样品寄到总部设计中心。公司的财务需要先做运费预估，那么要怎么计算航空货物运费呢？

同学们，你们知道吗？

 任务目标

1. 了解航空货物运输的特殊计费规定。
2. 了解航空货物运输费用的构成，熟练掌握运价的种类及计费重量的确定。
3. 学会计算航空货物运输费用。

 任务实施

一、知识准备

（一）航空货物运费构成

航空货物运输费是指货物从起运机场到目的机场的空中运输费用，不包括机场与市区间的地面运输费及其他费用。航空货物运输费用包括运费和附加费。

1. 运 费

货物的航空运费主要由货物适用的运价与货物的计费重量两个因素组成。

1）运 价

运价又称费率，是指承运人对承运的每一重量单位货物收取的自始发地机场至目的地机场的空运费用。目前航空货物运输市场中主要的几种运价如表 5.4 所示。

表 5.4　航空货物运输市场中主要的几种运价

常见运价种类	代号	说明
基础运价	N	45 千克以下普通货物运价
重量分界点运价	Q	建立在 45 千克、100 千克、300 千克以上三级重量分界点的运价
指定物品运价	C	某一航线上明确分类的特定物品的运价
等级运价	S	对某些特定货物提供折扣运价或额外运价
最低运费	M	若计算出的运费低于航空公司规定的最低运费，按最低运费收取

> **想一想**：运价还有哪些种类？
> **小启示**：通过互联网与图书馆资料查询相关信息。

2）计费重量

货物的计费重量有以下三种标准：

① 实际毛重：包括货物包装在内的货物重量。
② 体积重量：将货物体积按一定比例折合为重量，换算标准为每 6 000 cm^3 折合 1 kg。
③ 计费重量：货物的实际毛重与体积重量两者比较取高者；但如果适用较高的计费重量分界点计算出的运费更低，则此较高重量分界点的货物起始重量作为货物的计费重量。

国际航协规定，货物计费重量以 0.5 千克为最小单位，重量尾数不足 0.5 千克的，按 0.5

千克计算；0.5千克以上不足1千克的，按1千克计算。

2. 航空附加费

1）声明价值附加费

《华沙公约》规定，对由于承运人自身的疏忽或故意造成货物的灭失、损坏或延迟，其最高赔偿金额为每千克20美元或其他等值货币。如果货物价值超过上述值，就增加了承运人的责任。发货人在交运货物时，应向承运人声明货物价值，承运人根据声明价值收取声明价值附加费，费率通常为0.5%。货物的声明价值是针对整件货物而言，不允许对货物的某部分声明价值。

声明价值附加费=（货物声明价值-货物毛重×20美元/千克）×声明价值附加费费率

大多数航空公司在规定声明价值附加费率的同时还要规定最低收费标准，根据上述公式计算出来的附加费若低于最低标准，则要按照最低标准缴纳声明价值附加费。

2）其他附加费

其他附加费包括制单费、货到付款劳务费、中转手续费、地面运输费等。一般只有在承运人或航空货运代理人提供服务时才收取。

（二）航空货物运输计费规定

1. 航空货物运价特点

（1）航空货物运价是指从一个机场到另一个机场，只适用于单一方向。
（2）航空货物运价不包括其他如提货、报关、交接和仓储等额外费用。
（3）航空货物运价通常使用当地货币公布。
（4）航空货物运价一般以千克为计算单位。
（5）航空运单中的运价是按出具运单之日所使用的运价。

2. 国内航空货物运费计费规则

（1）货物运费计费以"元"为单位，元以下四舍五入。
（2）最低运费，按重量计得的运费与规定的最低运费相比，取其高者。
（3）按实际重量计得的运费与按较高重量分界点运价计得的运费比较，取其低者。
（4）分段相加组成运价时，不考虑实际运输路线，不同运价组成点组成的运价相比，取其低者。

（三）航空货物运输费用计算

以普通货物为例，空运费用计算步骤如下：

（1）计算体积及体积重量：

$$体积重量（千克）= \frac{货物体积}{6\,000\ cm^3/kg}$$

（2）计算实际毛重：

$$实际毛重=单个商品重量×商品总数$$

（3）比较体积重量与实际毛重，取大者为计费重量。
（4）根据公布运价，找出适合计费重量的适用运价。

① 计费重量小于 45 千克时，适用代号为 N 的运价；

② 计费重量大于 45 千克时，适用代号为 Q45、Q100、Q300 等不同重量等级分界点相对应的运价。

（5）计算航空运费：

$$航空运费 = 计费重量 \times 适用运价$$

（6）若采用较高重量分界点的较低运价计算出的运费比第五步计算出的航空运费低时，取低者。

（7）比较第六步计算出的航空运费与最低运费 M，取高者。

小活动：练习计算空运费

从北京运往巴黎一件玩具样品，毛重 5.2 千克，尺寸为 41 cm×33 cm×20 cm。计算这件货物的航空运费。

公布运价表如下：

BEIJING	CN	M	320.00
PARIS	FR	N	52.81
		45	44.46
		100	40.93

解答：

Volume 体积：41×33×20 = 27 060 cm³

Volume Weight 体积重：27 060÷6 000 = 4.51 kgs ≈ 5.0 kgs

Gross Weight 毛重：5.2 kgs ≈ 5.5 kgs

Chargeable Weight 计费重量：5.5 kgs

Applicable Rate 适用运价：52.81 CNY／kg

Weight Charge 运费：5.5×52.81 = CNY290.46 ≈ CNY290.00

Minimum Charge：CNY320.00

此票货物的航空运费应为 CNY320.00

二、小组活动

（一）活动内容

针对本节任务开头的任务描述情况，假设该样品的相关信息如下：

1. 产品毛重 6 千克，包装尺寸为 50 cm×40 cm×20 cm。

2. 航空公司公布运价见下表：

FUZHOU	CN	M	260.00
JAPAN	JP	N	35.21
		45	40.25
		100	35.48

计算这批样品的航空运费。

（二）活动安排

1．每位同学在课堂上独立完成运费计算。

2．老师讲评正确答案。

（三）活动要求

计算正确、迅速。

（四）评　价

评分表

小组成员					
活动主题	航空货物运费计算				
评价标准	具体内容	分值	小组自评分	小组互评分	教师评分
	计算正确	80			
	计算迅速	20			
	合计	100			
教师评语					

本模块小结

通过本章的学习，理解航空货物运输的概念及其优缺点，了解航空货运的设施设备和货物进出航空港操作流程，掌握航空货运费用的结构及计费规则，并会计算航空货运运费。

航空货物运输是指以飞机作为运输工具的一种货物运输方式。

航空运输设施设备包括飞机与航空港。

航空货运其他运输方式不可比拟的优点，也具有自身局限性。

航空货物进出港包括发货人和航空公司两方面的操作流程。

航空货物运输中涉及的单证有货物托运书、航空货运单、装箱清单、报关单、商业发票等。

航空货物运输费用包括运费和附加费，运费包含货物适用的运价与计费重量两个因素。

货物空运费用计算步骤包括运价种类选定、确定计费重量。

拓展阅读

顺丰快递夯实空运实力

顺丰速运从多年前开始，就先人一步打造自己的空运走廊，从第一架自有飞机开始，每年都在加大对于自己旗下航空公司的投入，如今的顺丰航空已经拥有了12架自有飞机，更是在国内外开通了超过400条的航线，并且这些数字还在不断的提升。为顺丰速运的高速快递模式，提供最优质的服务网络。

顺丰速运的空运实力在国内快递行业是首屈一指的，顺丰快递有自己的航空公司，就完全可以在产业链条上占据主动。顺丰快递不仅可以自己选择经济性更佳的机型，还可根据市场变化不断推出新的快递产品。2004年，顺丰速运的航空业务增长幅度年均高达70%之多，此时，顺丰速运租赁的波音737机型已经不能满足日益加大的业务需求。通常讲，快递行业包机比用自己的飞机更为省心，甚至单价成本更为低廉。

顺丰速运的内部管理也是在不断推陈出新，顺丰速运的"收一派二"规定大大提高了其配送速度。配送速度的提高得益于顺丰速运硬件的优秀，顺丰速运系统在追踪上，顺丰的客户在致电4008111111下单之后，顺丰的收派员的手机和HHT掌上电脑终端都会收到一条发件短信。收派员会按照短信上的内容和客户联系上门收件。

顺丰速运凭借其超前的洞察力，在国内市场中打造了一条高效率高速度的物流线，每天都为许许多多的消费者快速、安全的完成他们的快件业务。特别是对于配送时间有所要求的企业用户，顺丰速运用其高速的物流体系，为这些企业用户节约了大量的时间成本，同时也为其赢得更多的时间，创造出了更多的利润。

在如今，空运能力几乎已经成为了快递行业发展的重要参数。顺丰速运国内快递市场中能够做到如此成绩，连续多年业务量位列第一，也正是其强大的空运能力所赐，配送速度方面的优势,也正好迎合了消费者如今对于快递越来越高速的要求。在快递行业中,"快"字就是生存之本的道路再一次被验证。

思考与练习

一、单项选择题

1. 以下不属于航空货物运输方式特点的是（ ）。
   A. 快速安全　　　　B. 载货量小　　　　C. 易受天气影响　　　D. 包装成本高
2. 以下适合采用航空运输的货物是（ ）。
   A. 应急血液　　　　B. 高档红酒　　　　C. 医疗器械　　　　　D. 图书
3. 有一箱重约50千克的黄金采用航空运输,那么在计算运费时参考运价的代码是（ ）。
   A. M　　　　　　　B. N　　　　　　　　C. Q45　　　　　　　D. Q100
4. 福州某高档酒店从日本空运一箱重约40千克的蓝莓,那么运费是（ ）。航空公司公布的运价表如下：

JAPAN FUZHOU	JP	M	380.00
	CN	N	26.11
		45	21.67
		100	25.48

   A. CNY380.00　　　B. CNY1044.00　　　C. CNY975.00　　　　D. CNY867.00
5. 以下关于航空运价表述正确的是（ ）。
   A. 航空货物运价是指从一个机场到另一个机场,只适用于单一方向。
   B. 航空货物运价不包括其他如提货、报关、交接和仓储等额外费用。
   C. 航空货物运价通常使用美元公布。
   D. 航空货物运价一般以千克为计算单位。
6. 航空运价表中"M"代表的意思是（ ）。
   A. 基础运价　　　　B. 最低运价　　　　C. 等级运价　　　　　D. 指定物品运价
7. 一组货运单号码组成为789—1007584 3,那么IATA票证代号是（ ）。
   A. 789　　　　　　B. 10075843　　　　C. 1007584　　　　　D. 3
8. 航空货物运输运费可分为（ ）和到付。
   A. 已付　　　　　　B. 代付　　　　　　C. 预付　　　　　　　D. 现付
9. 在航空货物运输单证填写过程中,（ ）可以不填。
   A. 货物尺寸　　　　B. 货物重量　　　　C. 货物唛头　　　　　D. 货物体积
10. 《华沙公约》规定,对由于承运人自身的疏忽或故意造成货物的灭失、损坏或延迟,其最高赔偿金额为每千克（ ）美元或其他等值货币。
    A. 20　　　　　　　B. 40　　　　　　　C. 50　　　　　　　　D. 100

二、多项选择题

1. 以下关于航空货物运输方式表述正确的有（　）。
   A. 基本建设周期长，投资高，所以运费高　　B. 载货量小，不适宜大批量货物运输
   C. 由于运输速度快，因此对货物包装要求高　　D. 航空货物运输常用于抗灾抢险
2. 航空运输的货物一般具有以下特点（　）。
   A. 价值高　　　　B. 易损坏　　　　C. 运达时效要求高　　　　D. 运输距离远
3. 航空货物运输费用包括（　）。
   A. 运费　　　　B. 保险费　　　　C. 附加费　　　　D. 关税
4. 声明附加费包括（　）。
   A. 制单费　　　　B. 货到付款劳务费　　　　C. 中转手续费　　　　D. 地面运输费
5. 以下表述正确的是（　）。
   A. 运费　　　　B. 保险费　　　　C. 附加费　　　　D. 关税

三、填空题

1. 航空货物运输方式适用于_____、_____、_____、_____的货物的长途运输。
2. 航空港一般由_____、_____、_____三个部分组成。
3. 航空货运的主要缺点在于_____和_____比较小，不适于运送大件货物或大批量货物。
4. 航空货物出港是指从_____到_____的物流、信息流的实现和控制管理的全过程。
5. 收货人的空运货物进港业务通常由_____完成，包括_____、_____、_____、制单与报关、_____。
6. 航空货物运价不包括_____、_____、_____、_____等额外费用。

四、简答题

1. 相比其他运输方式，航空货物运输有哪些优越之处？
2. 从航空公司的角度，简述货物进出港操作流程。
3. 简述货物空运费用的计算步骤。
4. 简述国际航空货运单的主要内容。

五、计算题

1. 一批机械工具要从上海运至鹿特丹，一共10箱，每箱体积为40 cm×40 cm×40 cm、重量25 kg，求该票货物的航空运费。运价表如下：

SHANGHAI	CN	M	320.00
Rotterdam	NL	N	68.34
		45	51.29
		500	44.21
		1 000	41.03

模块六　特殊运输方式

引导案例

冠捷电子的物流运输方式选择

冠捷科技集团是全球化高科技企业，主要从事液晶显示器、液晶电视、AIO 一体机的研究开发、生产制造和销售推广业务。集团拥有十一大制造基地、七大销售中心及两大研发中心。其中，在福建省福州市的制造基地位于福清市，主要生产液晶显示器。产品内销至国内各省市，外销面向的市场有美洲、欧洲、亚洲及非洲等地。面对如此庞大的销售市场，福清工厂产出的这么多产品要采用哪种运输方式运到销售地？物流应该如何运作呢？

1. 对于内销产品，基本上公司采用的都是公路运输，与福建省各大物流公司如盛辉物流等合作。

2. 对于外销产品，由于路程长，货物的量又多，公司主要采用集装箱海运方式。通过运输公司的拖车把集装箱运至工厂，等仓库装完货封箱，拖车再将集装箱运至码头。出口货物需要在海关处申报，待报关手续处理完毕，集装箱就可以装船起航了。

很多时候，集装箱货物运至国外目的港卸船后，还要经过一段内陆运输才能送达客户手上。内陆段运输可能采用铁路、公路、或者水路支线运输，这些不同运输方式结合起来共同完成全程运输，这就涉及多式联运。

以集装箱为运输单元，无论采用多少种运输方式，集装箱都不用拆箱，使用机械把集装箱从一种运输工具直接换装到另一种运输工具，装卸效率高，有效地保证集装箱内货物的质量和安全。

3. 除了正常的成品运输，有时候公司还有一些特殊的货物运输，比如售后服务部需要给客户运送一些小部件，比如新生产的样机需要寄给台北的研发中心进行测试，等等。需要运输的货量很少，不足以装一个集装箱，而且运达时效性要求很高，这时候公司就会采用特快专递运输方式，让与公司有合作的快递公司把小件货物直接快递到需求方。

冠捷的物流运作采用了多种特殊运输方式，在控制物流成本的前提下，有效地实现了货物运输的质量及时效性。

结合案例，通过本模块的学习，我们能够了解到多式联运、集装箱运输、特快专递这几种特殊运输方式。

模块六 特殊运输方式

任务一　认识多式联运

任务描述

凭借悠久的石材产业历史、精湛的技术工艺和雄厚的产业基础，中国石材产业正成为世界市场的热点。康利石材始创于 1989 年，总部设在深圳，总投资 15 亿元，是中国石材行业最具规模、综合实力最强、国际化程度最高的石材企业之一。水头康利石材有限公司位于素有"石材之乡"美誉的福建省南安市水头镇。公司有一批大理石出口日本，发货地为南安市水头镇，交货地为日本东京。从水头到东京总路程约为 3 249.9 千米，涉及水、陆运输。

同学们，要怎么运输这批货物又经济又便捷呢？

任务目标

1. 理解多式联运的定义及其特点。
2. 熟练掌握多式联运的作业流程。
3. 了解多式联运的优越性及其在国内外的发展中存在的问题。
4. 熟悉主要的大陆桥线路。

任务实施

一、知识准备

（一）多式联运概况

自从铁路、公路、水路、航空、管道等运输方式产生以来，已经形成了各具特点、行之有效的运输组织和管理的方法。但是货物从起运地到目的地的完整的运输过程通常不是一种运输方式就能够完成的，多数情况下需要联合多种运输方式来完成。

1. 多式联运的定义

多式联运是指联运经营人根据联运合同，使用两种或两种以上的运输方式，将货物从指定发送地点运至交付地点的运输组织形式。在所有基本的运输方式之间都能够安排多式联运，其目的就是要综合各种运输方式的优点，以实现最优化的绩效。多式联运示意图如图 6.1 所示。

在国际贸易中，货物的进出口经常需要采用多式联运，称之为国际多式联运。根据《联合国国际货物多式联运公约》的定义：按照多式联运合同，以至少两种不同的运输方式，由多式联运经营人把货物从一国境内接运货物的地点运至另一国境内指定交付货物的地点。

121

图 6.1 多式联运示意图

小资料：一种常见的多式联运组合是公铁联运，它结合了汽车跑短距离的灵活性与铁路跑长距离的低成本，来实现更长距离的运输。

2. 多式联运的发展

多式联运是在集装箱运输的基础上产生并发展起来的新型的运输方式，也是近年来在国际运输上发展较快的一种综合连贯运输方式。

多式联运思想由来已久，可以追溯到 19 世纪。如今比较普遍的说法是，20 世纪 50 年代，多式联运首先在美国出现，经试办取得显著效果，受到贸易界的欢迎。随后美洲、欧洲及非洲部分地区很快仿效，广为采用。但由于多式联运全程包括多个运输区段，使用多种运输方式，货物经过多次装卸作业，容易造成灭失、损害和延误，在小件杂货运输下，多式联运的风险很大。集装箱运输普遍使用后，其特有的优势减少了这种风险，多式联运才迅速发展起来。当前，我国对外贸易进出口货物已越来越多采用多式联运，有陆海联运、陆空联运、陆空陆联运和海空联运等。其中使用较多的是陆海联运和陆空联运，其交接方式既有门到门、门到港，也有港到港、港到门。

多式联运将多种运输工具有机地联结在一起，以最合理、最有效的方式实现货物运输全过程，不仅可以最大限度地方便货主，加速货物运输过程，而且可以进一步实现运输合理化、物流合理化。多式联运运输工具如图 6.2 所示。

图 6.2 多式联运运输工具

3. 多式联运的特点

一般来讲，多式联运具备以下五个基本特点。

（1）具有一个多式联运合同。

合同明确规定多式联运经营人和托运人之间的权利、义务、责任等关系。多式联运经营人负责完成或组织完成货物的全部运输，并依此收取全程费用。

（2）使用一份多式联运单据。

多式联运单据指的是多式联运提单、多式联运运单等。单据是证明多式联运合同及多式联运经营人已接收货物并按合同条款交付货物。

（3）至少两种不同运输方式的连续运输。

这是确定一票货运是否属于多式联运最重要的特征。

> **想一想：** 航空运输中有两端的汽车货物接送运输，这种陆空组合属于多式联运吗？
>
> **小启示：** 为了履行单一方式运输合同而进行的该合同所规定的货物接送业务，不应视为多式联运。航空运输中两端的汽车货物接送运输，习惯上看作是航空运输的延伸服务。

（4）全程单一费率。

多式联运经营人应制定一个全程单一费率并一次性向货主收取。这种全程单一费率一般包括运输成本、经营管理费用和合理利润。

（5）有一个多式联运经营人对货物的运输全程负责。

这是多式联运的一个重要特征。多式联运经营人作为总承运人对货主负有履行合同的责任，不仅要寻找分段承运人来实现分段运输，并承担自接管货物起至交付货物时止的全程运输责任，以及对货物在运输中因灭失、损坏或延迟交付所造成的损失负赔偿责任。

> **想一想：** 国际多式联运还有什么特点？
>
> **小启示：** 对于国际多式联运来说，必须是跨国境的货物运输，联运经营人接受货物的地点与交付货物的地点必须分属于两个国家。

（二）多式联运的流程

多式联运包括三个环节：货物在发运地的承运业务、货物在运输途中各段衔接点的中转业务、货物在收货地的交付业务。多式联运主要流程如图 6.3 所示。

1. 订立多式联运合同

多式联运经营人根据货主提出的托运申请和自己的运输线路等接受托运，双方订立多式联运合同。

2. 订舱（制订运输计划）

订舱包括运输路线、区段的划分、各区段实际承运人的选择及各区段衔接地点的到达、起运时间等内容。

图 6.3 多式联运流程

3. 集装箱安排

集装箱一般应由经营人提供。发货人可以根据经营人签发的提箱单在规定日期到指定的堆场提空箱,亦可由联运经营人负责提取并拖运空箱。

4. 货物装箱及接收

若是发货人自行装箱,发货人提取空箱后在自己的工厂和仓库组织装箱。若是拼箱货物,发货人应将货物运至指定的货运站,由货运站按多式联运经营人的指示装箱。

装箱人均需制作装箱单,并办理海关监装与加封事宜。装箱完毕,多式联运经营人在指定地点接收货物。

5. 出口报关

若联运从港口开始,则在港口报关;若从内陆地区开始,应在附近的内陆地海关办理报关。报关时应提供装箱单、发票、出口许可证等有关单证和文件。内贸无需报关的货物,则省略此步骤。

6. 办理保险

发货人应投保货物运输险,可以全程或分段投保。

多式联运经营人应投保货物责任险和集装箱保险。

7. 签发提单,组织全程运输

多式联运经营人接收货物后,应向发货人签发多式联运提单,同时要组织各区段运输及衔接工作。

8. 运输过程中的海关业务

海关业务包括货物及集装箱进口国的通关、进口国内陆段保税(海关监管)运输及结关等手续。一般由多式联运经营人的代理人完成。

9. 货物交付

当货物运至目的地后,联运经营人通知收货人凭多式联运提单到指定堆场或货运站提货。收货人开箱取货后要将集装箱运回指定堆场,运输合同终止。

10. 货运事故处理

如果全程运输中发生了货物灭失、损害和延误，发（收）货人均可向多式联运经营人提出索赔。

（三）多式联运的优点及存在问题

1. 多式联运的优越性

与单一的运输方式相比，多式联运的优越性主要表现在以下几个方面。

（1）手续简便。

多式联运能够把多式、多段复杂的运输手续大大简化，货主只要办理委托，一切事务都交由多式联运经营人处理。

（2）安全准确。

多式联运的货物通常以集装箱装载，运输途中都是使用机械整箱装卸，无需拆箱，货损货差和丢失事故大大减少，可较好地保证货物安全。

（3）运送快速。

运输全程都由多式联运经营人安排，各环节与各运输工具之间衔接紧凑、中转及时，运达速度大大加快。

（4）节省费用。

多式联运采用集装箱运输，简化货物的外包装，节省包装费用。此外，多式联运全程运输采用一份联运单据、实行单一费率，又简化了制单和结算手续，节省大量人力物力。

（5）提早结汇。

对于发货人来说，货物交给第一承运人后，就可取得联运单据进行结汇（结算货款），结汇时间比分段运输提早，有利于企业资金周转。

2. 多式联运存在的问题

1）我国多式联运存在的问题

（1）各种运输方式独立分散。

多式联运涉及公路、铁路、水路、航空这四种运输方式承担的货运量结构不合理，运输货物所占比重差距较大。

（2）必要的设施设备不配套。目前，我国存在着集装箱运输系统不完善、货运站装卸设备不足、大型中间枢纽站点缺乏等问题。

（3）多式联运的外部环境有待改善。海关、商检、税务、银行、保险等相关单位尚未能做到统一认识，无法全力支持多式联运业的发展壮大。

（4）信息系统不完善。信息化建设迟缓，缺乏遍布全国和全球的网络信息系统。

（5）缺乏大型的多式联运经营人。多式联运市场经营主体规模小、实力弱，缺少跨地区、全国性甚至国际性的大型经营人。

2）国际多式联运存在的问题

（1）各国的集装箱标准尚未统一。

（2）各国集装箱运输的发展不平衡。当前许多发展中国家尚停留在集装箱化的初级阶段，而其地理上却处于多式联运路线的中途,这给国际多式联运的发展造成阻碍。

(3) 国际多式联运的法律问题尚未统一。《国际多式联运公约》尚未达到 30 个国家的有效批准而未能生效,各国法律不同,目前国际上还没有标准统一的联运单证。

(四) 大陆桥运输

1. 大陆桥运输定义

大陆桥运输是指以集装箱为主要运输工具,以横贯大陆的铁路、公路运输系统为中间桥梁,把大陆两端的海洋连接起来组成"海陆海"的运输方式。简单来说,两边是海运,中间是陆运,大陆把海洋连接起来,起到了"桥"的作用,所以称之为"路桥"。

大陆桥运输中途要经过多次装卸,以集装箱为运输单位,可大大简化理货、搬运、储存、保管和装卸等操作环节,同时集装箱是经海关铅封,中途不用开箱检验,而且可以迅速直接转换运输工具,故采用集装箱是开展大陆桥运输的最佳方式。

2. 大陆桥主要运输线路

1) 北美大陆桥

北美大陆桥指从日本东向,利用海运到北美西海岸,经由横贯北美大陆的铁路线陆运到北美东海岸,再经海运到欧洲的"海-陆-海"运输结构。北美大陆桥是世界上历史最悠久、影响最大、服务范围最广的大陆桥运输线路。

另外,还有与北美大陆桥相类似的北美小陆桥、北美微路桥。北美小路桥与大陆桥的区别是运输终点为美国东海岸,而不再下海;北美微路桥则是货物在西海岸港口上陆后,直接运到美国内陆地区。采用这样的运输方式,使海运和陆运结合起来,从而达到了运输迅速、成本降低的目的。如图 6.4 为北美路桥的比较示意图。

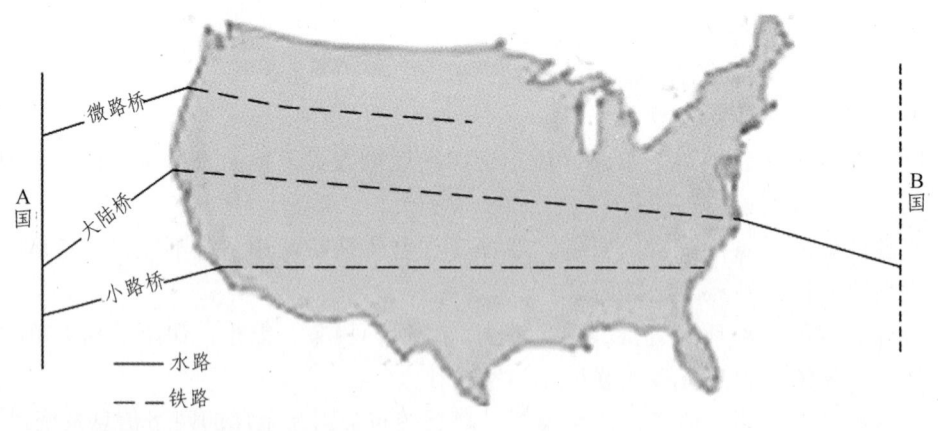

图 6.4 北美大陆桥、小路桥、微路桥的比较

2) 西伯利亚大陆桥

西伯利亚大陆桥全长约 1.3 万千米,是利用俄罗斯西伯利亚铁路作为陆地桥梁,把太平洋

远东地区与波罗的海和黑海沿岸以及西欧大西洋口岸连起来。整个大陆桥共经过俄罗斯、中国、哈萨克斯坦、白俄罗斯、波兰、德国、荷兰 7 个国家,把远东、东南亚和澳大利亚地区与欧洲、中东地区联结起来,因此又称第一亚欧大陆桥。

此条大陆桥运输线从俄罗斯东部的符拉迪沃斯托克(海参崴)的纳霍特卡港口为起点,经西伯利亚大铁路通向莫斯科,然后分三路:一路(见图 6.5)从莫斯科经铁路运至波罗的海沿岸的圣彼得堡、里加或塔林港,再转船往西欧、北欧港口;一路(见图 6.6)从莫斯科至俄罗斯西部国境站,转欧洲其他国家铁路(公路)直运欧洲各国;另一路从莫斯科至黑海沿岸,转船往中东、地中海沿岸,最后到荷兰鹿特丹港。

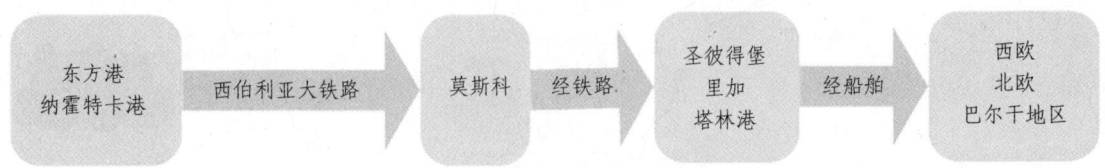

图 6.5 西伯利亚大陆桥线路一

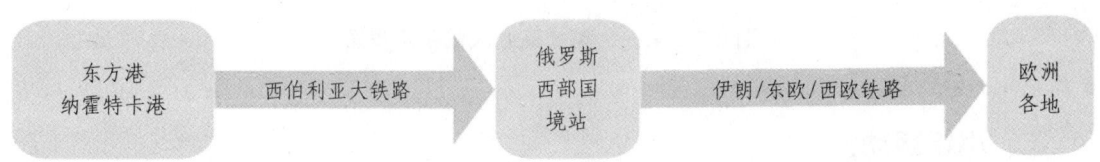

图 6.6 西伯利亚大陆桥线路二

20 世纪从 70 年代初以来,西伯利亚大陆桥运输发展很快。目前,它已成为远东地区往返西欧的一条重要运输路线。但是,西伯利亚大陆桥也存在三个主要问题:

(1) 运输能力易受冬季严寒影响,港口有数月冰封期。

(2) 货运量西向大于东向约 2 倍,来回运量不平衡,集装箱回空成本较高,影响了运输效益。

(3) 运力仍很紧张,铁路设备陈旧。

随着新亚欧大陆桥的正式营运,这条大陆桥的地位正在下降。

3) 新亚欧大陆桥

1990 年 9 月 11 日,我国陇海、兰新铁路的最西段乌鲁木齐至阿拉山口的北疆铁路与哈萨克斯坦铁路在德鲁日巴站接轨,第二条亚欧大陆桥运输线全线贯通,并于 1992 年 9 月正式通车。此条运输线东起我国连云港,经陇海、兰新铁路,西出边境站阿拉山口,西至荷兰鹿特丹,跨越亚欧两大洲,连接太平洋和大西洋,全长约 1.08 万千米,在我国境内全长 4 143 千米,通向中国、中亚、西亚、东欧和西欧 30 多个国家和地区,也称为第二亚欧大陆桥,是目前亚欧大陆东西最为便捷的通道。

与第一亚欧大陆桥相比,新亚欧大陆桥总运距缩短 2 000~2 500 千米,可缩短运输时间 5

天,减少运费 10%以上。近年来,该大陆桥的运量逐年增长,并具有巨大的发展潜力,不仅便利了我国东西交通与国外的联系,更重要的是对我国的经济发展产生了巨大的影响。

如图 6.7 所示为第一、第二亚欧大陆桥的运输路线图。

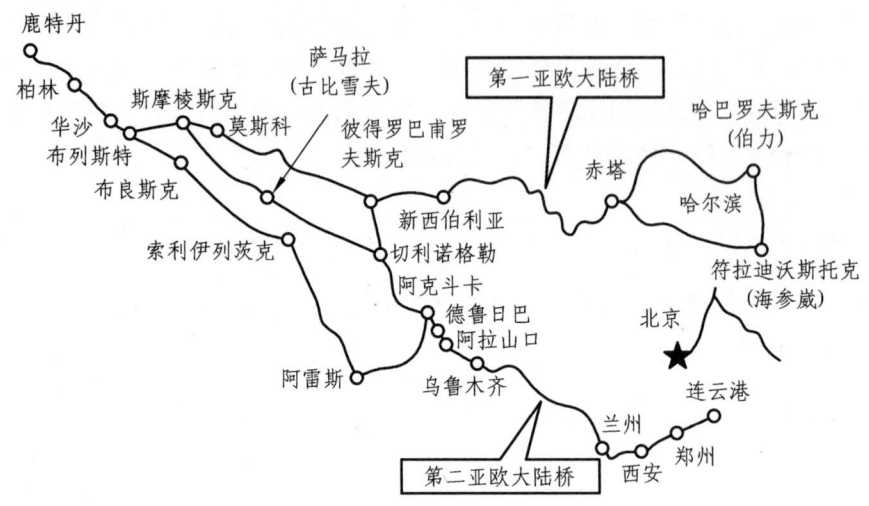

图 6.7　第一、第二亚欧大陆桥示意图

二、小组活动

(一)活动内容

多式联运在实际物流运输中应用广泛,特别是国际货物运输。针对本节学习任务开头的任务描述,大家以小组合作讨论方式,对案例展开分析与讨论,如何将这批货物从南安市运送至东京?可以通过网络或者书籍查找更多的多式联运相关资料用于参考,每个小组将讨论结果写成运输设计方案,在规定时间内提交,同时每组选派一个代表进行解说。

(二)活动安排

1. 以 3~4 人为一个小组。
2. 各小组针对案例任务要求展开讨论,提交多式联运方案,并分享交流。
3. 准备时间为 4 天。

(三)活动要求

1. 多式联运方案设计合理。
2. 小组代表讲解正确、生动。
3. 每个代表讲解时间为 6 分钟内。

（四）评　价

评分表

小组成员					
活动主题	多式联运方案设计				
评价标准	具体内容	分值	小组自评分	小组互评分	教师评分
	联运方案设计合理	60			
	讲解正确、生动	20			
	具有团队合作精神	20			
	合计	100			
教师评语					

任务二　认识集装箱货物运输

任务描述

学校组织物流专业学生到福州港参观学习，这是个很难得的实地参观学习机会，小军和同学们一早就准备好相机和笔记本，在老师的带领下来到福州港。港口物流部的陈经理负责协助此次学习安排，他先带着大家在集装箱堆场转了一圈，小军看到了好多不同船公司的集装箱，有马士基、中国远洋，还有许多他叫不出名字的，看得大家眼花缭乱。根据陈经理介绍，小军了解到福州港是我国沿海主要港口和全国沿海 25 个主枢纽港之一，现在的福州港由原福州港和宁德港整合而来，已与美国塔克玛港和西班牙桑坦德港结为友好港，2012 年全港完成集装箱吞吐量 182.50 万标箱。看着码头上形形色色的集装箱，小军陷入了思考中，不同类型的集装箱适合装哪些货物？采用集装箱运输货物有什么好处呢？

同学们,通过本次任务的学习,你们就可以解答小军的疑问。

任务目标

1. 认识集装箱与集装箱货物的定义及类别。
2. 了解集装箱货物运输特点。
3. 掌握集装箱运输费用的构成、计费标准和计算方法。

任务实施

一、知识准备

(一)集装箱与集装箱货物

1. 集装箱的初步认识

1)集装箱的定义

集装箱是用来装运货物的一种容器,这种容器具有一定的强度和刚度,专供周转使用并便于机械操作和运输。因其外形像一个箱子,又可以集装成组货物,故称"集装箱"。香港、台湾也称之为"货柜"。

国际标准化组织(ISO)对集装箱的定义:集装箱是一种运输设备:

① 具有耐久性和足够的强度,可长期反复使用。
② 经专门设计,便于一种或多种运输方式运输货物,无需中途换装。
③ 具有快速装卸和搬运的装置,特别是便于从一种运输方式转移到另一种运输方式。
④ 便于货物装满或卸空。
⑤ 具有 1 m^3 及以上的容积。

集装箱这一术语的含义不包括车辆和一般包装。集装箱堆场和集装箱分别见图 6.8 和图 6.9。

图 6.8 集装箱堆场

图 6.9　集装箱

2）集装箱的分类

运输货物用的集装箱种类繁多，通常可以从用途、结构、使用材料、总重这四个方面分类，如图 6.10～6.13 所示。

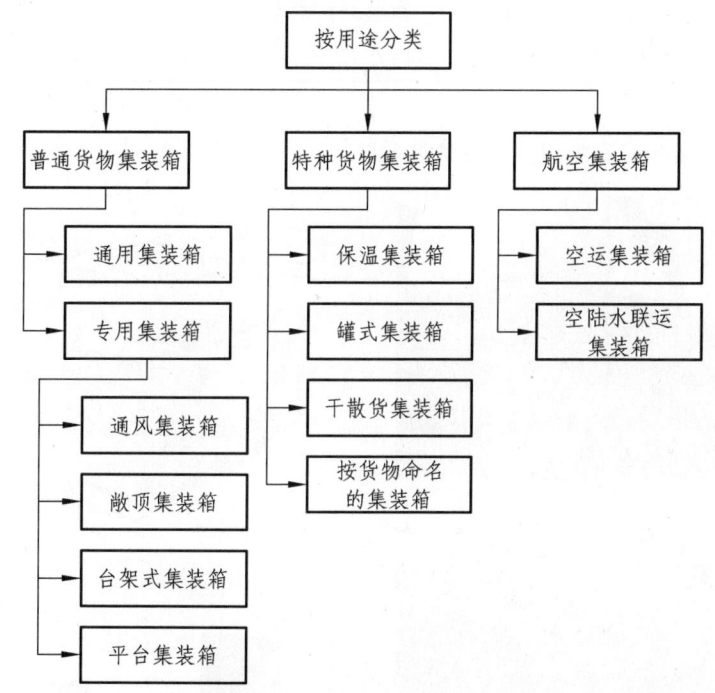

图 6.10　集装箱按用途分类

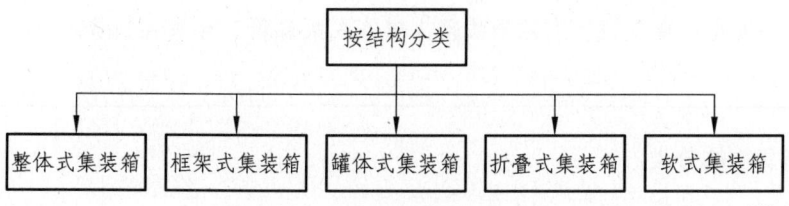

图 6.11　集装箱按结构分类

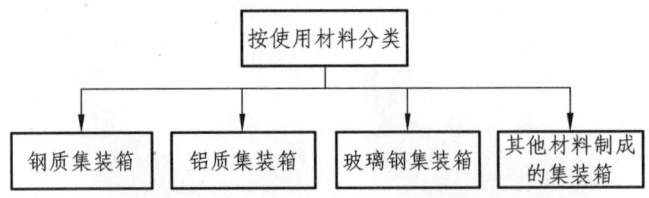

图 6.12　集装箱按使用材料分类

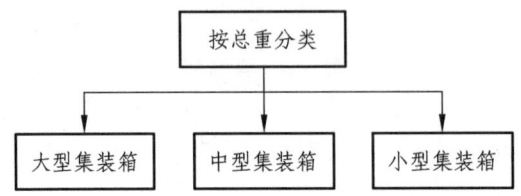

图 6.13　集装箱按总重分类

想一想： 下图分别是哪种类型的集装箱？

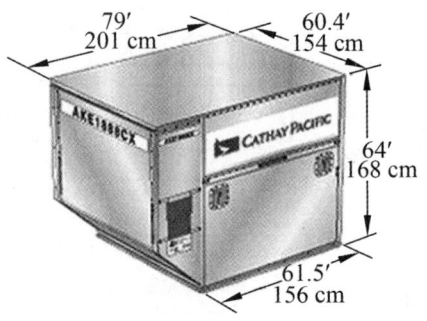

小启示： 折叠式集装箱、空运集装箱、罐体式集装箱、台架式集装箱。

2. 集装箱货物的分类

（1）按货物性质分类，如图 6.14 所示。

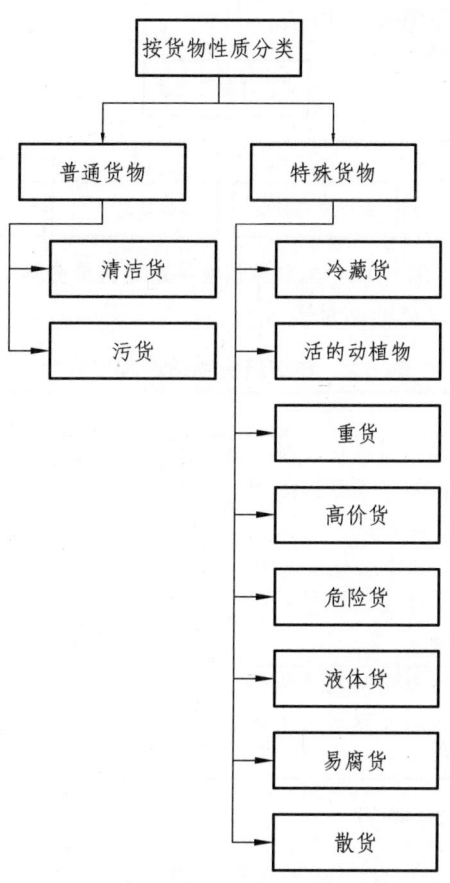

图 6.14 集装箱货物按性质分类

各种特殊货物的特点及举例见表 6.1。

表 6.1 特殊货物分类

特殊货物	特点	举例
冷藏货	需用冷藏集装箱或保温集装箱运输的货物	水果，蔬菜，肉类，鸡蛋，奶油，干酪
活的动植物	活的动物，活的植物	猪，羊，牛，马，花卉，树苗
重货	单件货物质量特别大	重型机械，动力电缆
高价货	价格比较昂贵的货物	生丝，绸缎，电视机，珠宝首饰
危险货	货物本身具有易燃、易爆、毒性、腐蚀性、放射性等危险性的货物	烟花，爆竹，照明弹药，油墨，黄磷，工业酒精，天然气
液体货	装在罐、瓶、桶、箱等容器内进行运输的液体或半液体状货物	化妆品，食用油，酱油
易腐货	在运输中由于通风不良，或遇高温、高湿等原因容易腐败变质的货物	水果，蔬菜，肉类
散货	无特殊包装的散装运输的货物	盐，麦芽，谷物，煤，矿石，粘土

（2）按适箱程度分类，如图 6.15 所示。

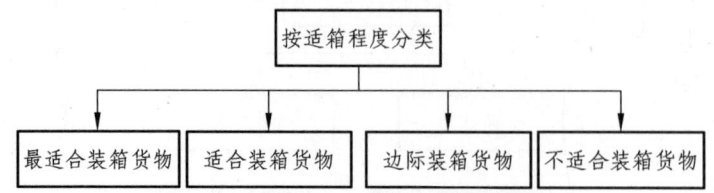

图 6.15　集装箱货物按适箱程度分类

不同适箱程度的货物特点及举例见表 6.2。

表 6.2　集装箱货物适箱程度说明

货物适箱程度	特　点	举　例
最适合装箱货物	货价高、运费也较高，商品的大小、体积、重量适合有效地进行集装箱运输	工艺品，针织品，精密仪器，医药品，电器
适合装箱货物	货价、运费适合集装箱的货物	面粉，皮革，金属制品，电线，板材
边际装箱货物	可以用集装箱装载，但货价和运费都很低	钢材，木材，砖瓦
不适合装箱货物	技术上难于采用集装箱运输，货流量大时可采用专用运输工具来运输的货物	原油，矿石，砂糖，超大型货物

（二）集装箱货物运输特点

集装箱货物运输是一种现代化、机械化的运输方式，它使货物流通过程中各环节发生重大变革，被称为 20 世纪的"运输革命"。

以集装箱为媒介，使用机械装卸、搬运，装卸效率高，可以方便地从一种运输工具直接换装到另一种运输工具。货物装箱后运至收货人的仓库，实现"门到门"运输，全程需接触或移动箱内的货物，有效地保证货运质量。集装箱货物运输的特点如图 6.16 所示。

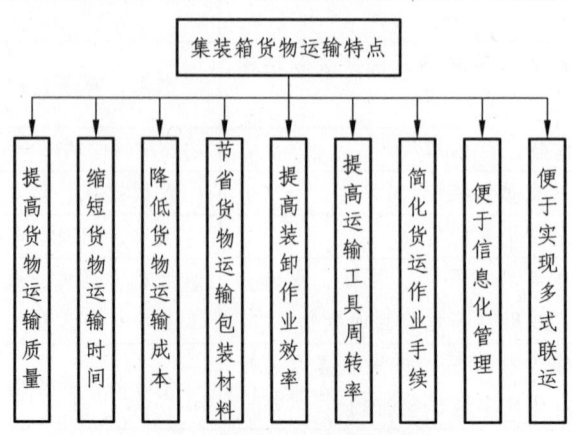

图 6.16　集装箱货物运输的特点

由于上述特点，传统货物运输中的一些问题，如货物装卸操作重复、劳动强度大、装卸效率低、货损货差多、包装要求高、运输工具周转迟缓、货运时间长等都可以得到有力解决。

（三）集装箱货物运输费用的计算

1. 集装箱货物运输费用的构成

集装箱运费构成不仅包括集装箱海运运费，还包括收发货地的内陆运输费、港区服务费、集散运输费等。费用基本结构如图 6.17 所示。

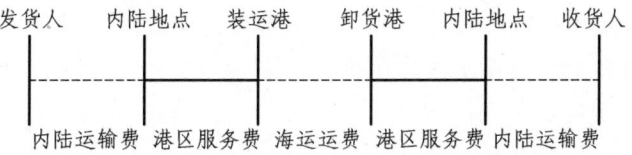

图 6.17　集装箱货物运输费用构成

（1）内陆运输费。

内陆运输费是指货物从发货人工厂或仓库运至装运港、从卸货港运至收货人工厂或仓库的运输费用。通常情况下，出口地的运费由发货人负责，进口地的运费由收货人负责。

（2）港区服务费。

港区服务费通常是指堆场服务费，也叫码头服务费（THC）。在装运港包括堆场接收出口箱、堆存、搬运至装卸桥下的费用，在卸货港包括从装卸桥下接收进口箱、搬运至堆场、堆存的费用，也一并包括在港区的其他有关费用。港区服务费一般分别向发货人、收货人收取。

（3）拼箱服务费。

若货物是拼箱货，还有一笔拼箱服务费，包括拼箱货在货运站内的搬运、堆存、理货、装箱、运至堆场的运输费以及签发相关单据的费用等。

（4）海运运费。

海运运费是指海上运输区段的费用。目前，集装箱货物海运运费所依据的运价主要有两种：班轮公会运价本和船公司运价本。对整箱货采用包箱费率的形式，而对拼箱货则按货物品种及不同的计费标准计算运费。

除了基本的运输费用，海运运费里还包括了一些不同种类的附加费，如燃油附加费、旺季附加费等。附加费标准根据航线、货种、船公司不同而有不同规定，是集装箱运费收入中的主要部分。

（5）集散运输费。

集散运输又称支线运输，是对集装箱远洋干线运输而言的，是指集装箱在内河、沿海的集散港和进出口港之间的运输。承运人为这一集散而收取的运费称为集散运输费。

2. 集装箱货物运输费用的计算

1）拼箱货（LCL）运费计算

拼箱货计费标准见表 6.3。

表 6.3　拼箱货计费标准

计费标准	按货物重量（重量吨 W）
	按货物体积（尺码吨 M）
	按货物重量或体积从高计收（W/M）
	按货物 FOB 价的一定百分比（从价运费 $A.V.$）

海运运费的计算步骤如下：
① 选择相关的运价本。
② 根据货物名称，在货物分级表中查到运费计算标准和等级。
③ 在等级费率表的基本费率部分，找到相应的航线、起运港、目的港，按等级查到基本运价。
④ 从附加费部分查出所有应收（付）的附加费项目和数额（或百分比）及货币种类。
⑤ 根据基本运价和附加费算出实际运价。
⑥ 运费=运价×计费吨。

2）整箱货（FCL）运费计算

世界上大多数班轮公司的整箱货海运费都采用包箱费率。采用包箱费率时，货物分为普通货物、危险货物、半危险货物和冷藏货物四类。不同类别的货物、不同尺码的集装箱，包箱费率不一样。包箱费率主要形式见表6.4。

表6.4 包箱费率主要形式

包箱费率形式	说　明
按FAK包箱费率	不分货物种类、不计货量，只按航线和箱型制定包箱费率
按FCS包箱费率	按不同货物种类和等级（1~20级）、箱型制定包箱费率
按FCB包箱费率	按不同货物类别、等级和计算标准制定包箱费率，计算标准（重量吨或尺码吨）的不同使得包箱费率不同，这是与FCS包箱费率主要不同之处

计算公式：海运运费=基本运费+各项附加费的总和

3）最低与最高运费

集装箱海运运费有最低与最高运费的特殊规定。

在每一航线上都有规定一个最低运费额，若货物运费低于这个额度时，均按最低运费金额计收。对于整箱货，如果货主自装货物的重量或尺码吨数没有达到船公司规定的最低计费吨要求，则要按照最低计费吨计算运费。

为了鼓励货物用集装箱运输，并且最大限度地利用箱内容积，船公司一般为整箱货规定一个最高计费吨。即使货主自装货物的重量或尺码吨数超过最高计费吨，仍按最高计费吨收

> **小活动**：计算集装箱运费
> 某外贸公司出口某商品1 200箱，每箱体积为50 cm×30 cm×20 cm，毛重为35 kg。已知该商品的计费标准为 W/M，等级为10级，每吨运费率为200美元，另查得知要加收港口附加费15%。请问：该外贸公司要支付的运费为多少？
>
> **小启示**：
> 　　商品总体积=（0.5×0.3×0.2）×1 200=36（m^3）
> 　　商品总重量=35×1 200=42 000（kg）=42（t）
> 　　因为计费标准为 W/M，总重量>总体积，所以计费吨以 W 为标准，即42 t
> 　　基本运费=运价×计费吨=200×42=8 400（美元）
> 　　港口附加费=8 400×15%=1 260（美元）
> 　　海运运费=基本运费+附加费=8 400+1 260=9 660（美元）

二、小组活动

（一）活动内容

通过查阅图书馆资料或利用互联网搜索，每个小组搜集各种集装箱的图片、特点等相关资料，并对不同集装箱适合运输哪些类型的货物进行讨论，把搜集的资料以及讨论结果制作成幻灯片进行展示。

（二）活动安排

1. 以 4～6 人为一个小组。
2. 各小组制作 PPT 进行结果展示。
3. PPT 讲解时，每组成员都至少介绍一种集装箱，与全班同学一起分享和交流。
4. 准备时间为四天。

（三）活动要求

1. 图片清晰、精美。
2. 集装箱介绍资料正确、详尽。
3. 每位小组成员都参与 PPT 讲解，时间为 2～4 分钟。

（四）评　价

评分表

小组成员					
活动主题	集装箱图片、特点展示				
评价标准	具体内容	分值	小组自评分	小组互评分	教师评分
	资料正确、详尽	40			
	图片清晰、精美	40			
	学生讲解生动	20			
	合计	100			
教师评语					

任务三 认识特快专递运输

任务描述

随着网上购物的热潮来袭,越来越多的人开始了网购,足不出户就可以买到自己想要的东西,而且同样的商品在网上购买一般价格还比较低。福州学生小燕最近也开始在网上"淘宝",她在淘宝网上订购了一件雪纺连衣裙,货物是从广州发来的,两天就到货了。当小燕从快递员手中接过包裹时,别提有多开心了。她不禁感叹现在的特快专递真是便捷,店家把货物交给快递公司,过不久就可以送到任何其他地方的客户手上,这当中货物经过了怎么样的作业流程?所有的物品都可以通过快递方式来运输吗?

同学们,你们对特快专递了解多少呢?

任务目标

1. 理解特快专递运输的定义及特点。
2. 熟悉特快专递的作业流程。
3. 了解城市配送的概念及其基本活动。

任务实施

一、知识准备

(一)认识特快专递运输

1. 特快专递的初步认识

特快专递(以下简称快递)是目前货物运输中最快捷的运输方式之一,它是由专门经营该项业务的货运代理公司与运输公司、航空公司合作,派专人以最快的速度在发件人、货运中转站或机场、收件人之间传递信件、物品等。特快专递示意图见图6.18。

随着人们生活和工作节奏的不断加快,对包裹文件的运送速度要求越来越高。特别是在电子商务的引领下,网络购物在人们的购物方式中占据越来越大的比重,以时效性和服务性为特点的快递业发展更加迅猛。目前,国内的快递市场主要有三股力量:以EMS为代表的国营快递企业,外资快递企业如 UPS、DHL、FedEx、TNT 等,民营快递企业如顺丰、圆通、中通、申通、韵达等。一些快递企业的标识如图6.19所示。

图 6.18　特快专递示意图

图 6.19　快递企业标识

> **想一想**：生活中都有哪些快递活动？
> **小启示**：列举一些身边的例子。

2. 特快专递运输的特点

与一般货物运输相比，快递业务可以上门取件、送件上门、代办各种运输和报关手续、实时提供快件在途信息，因此，快递具有运送快捷、服务安全可靠、查询速度快等优越性。

快递运输的特点主要体现在以下几个方面：

（1）运输物品。

特快专递主要运输文件、包裹，通常是重量和体积都比较小的货物。文件包括贸易合同、发票、商务信函、运输票据等小件资料；包裹包括机械小配件、贸易小样品、衣服、礼品、私人小行李等。

（2）运输单据。

快递业务中的 POD（见图 6.20），即交付凭证（俗称快递面单），是特快专递中最重要的单据。它一式四联（也有多于四联的），第一联用作出口报关留存始发地；第二联贴在货物包装上随货同行，作为收件人核对货物的依据，并在随货单据丢失时可作为进口报关单据；第三联留存始发地快递公司，作为结算运费和统计的依据；第四联交发件人，作为发货凭证。

国内快递公司也使用这种单据，作为签收记录凭证。送递员在将快件交付收货人时，让其在 POD 上签名，送递员将签收的 POD 交电脑操作员录入电脑，以便查询。

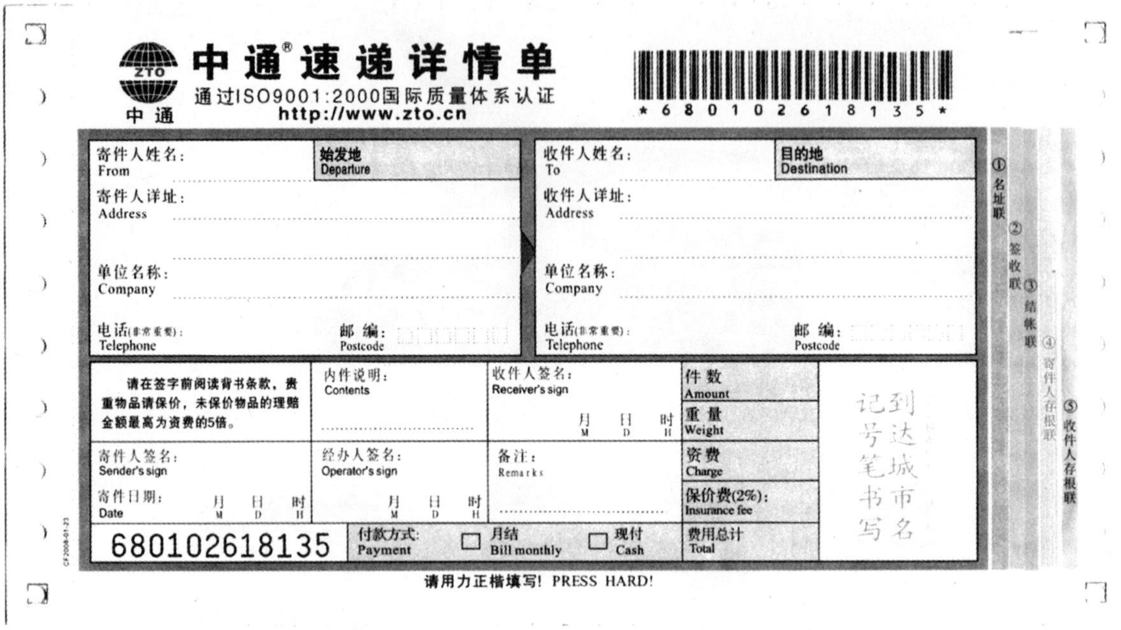

中通® 速递详情单
通过ISO9001:2000国际质量体系认证
中通 http://www.zto.cn
680102618135

寄件人姓名：From | 始发地 Departure
寄件人详址：Address
单位名称：Company
电话(非常重要)：Telephone 邮编：Postcode

收件人姓名：To | 目的地 Destination
收件人详址：Address
单位名称：Company
电话(非常重要)：Telephone 邮编：Postcode

①名址联 ②签收联 ③结帐联 ④寄件人存根联 ⑤收件人存根联

请在签字前阅读背书条款，贵重物品请保价，未保价物品的理赔金额最高为资费的5倍。
内件说明：Contents
收件人签名：Receiver's sign 月 M 日 D 时 H
件数 Amount
重量 Weight
资费 Charge
保价费(2%)：Insurance fee
费用总计 Total
寄件人签名：Sender's sign
寄件日期：Date 月 M 日 D 时 H
经办人签名：Operator's sign 月 M 日 D 时 H
备注：Remarks
680102618135
付款方式：Payment □月结 Bill monthly □现付 Cash
记到号达笔城书市写名

请用力正楷填写！PRESS HARD!

图 6.20 快递面单

（3）运送时效。

快递整个业务过程基本上是在公司内部完成的，便于协调、指挥，节省时间。有专人负责整个运输及操作单证，减少内部交接环节，缩短衔接时间，运送快速。

（4）服务质量。

快递包括上门取货、代办包装、代办运输与报关手续、送货上门这一条龙服务，货物运输在途信息可用运单号通过网络或者电话查询，全程运输服务周全、及时。

3. 特快专递禁寄物品

不同快递公司对快递物品的尺寸、重量、准寄范围等均有不同要求。

表 6.5 为 EMS 禁止寄递的物品。

表 6.5 EMS 禁寄物品

禁寄物品特性
具有爆炸性、易燃性、腐蚀性、毒性和放射性的各种危险物品
容易腐烂的物品
国家法令禁止流通或寄递的物品
妨碍公共卫生的物品
反动报刊书籍、宣传品和淫秽物品
活的动物（包装能确保寄递和工作人员安全的蜜蜂、蚕、水蛭除外）
各种货币
包装不妥，可能危害人身安全、污染或损毁其他邮件设备的物品
其他不适合邮递条件的物品

小活动：查找资料，了解不同快递公司对寄递物品都有哪些要求及限制。

（二）特快专递作业流程

1. 特快专递主要运送方式

特快专递运送方式是立体式的，主要由航空、铁路、公路、水路运输等。货物流通派送区域广泛，通过二级、三级站中转、分拨，货物派送可以抵达乡村。

公路运送机动灵活、迅速、便捷，最适合门到门运送。

航空运送运输速度快，在长距离货物运输上表现尤其突出。

2. 特快专递作业流程

特快专递的作业形式是门到门（或称桌到桌）服务，即由快递员上门取件，通过空运或者陆运至目的地后，由当地快递公司（或代理）提货，最后由快递员派送到收件人手中。

特快专递作业流程如图 6.21 所示。

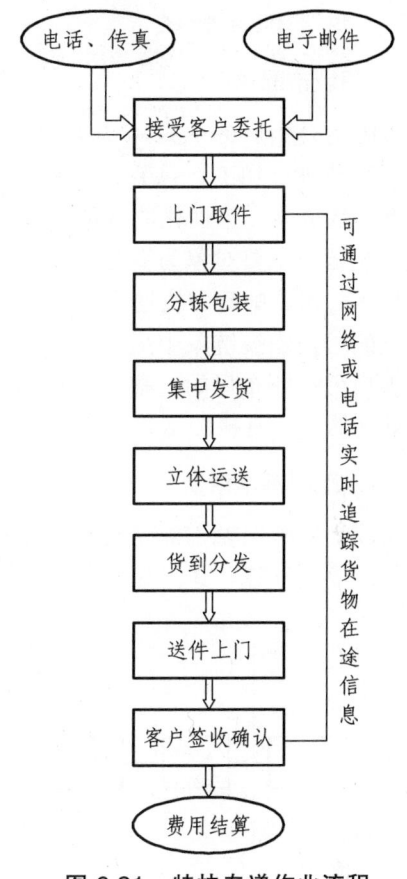

图 6.21　特快专递作业流程

想一想：在一个包裹的快递寄送过程中都涉及哪些元素。

小启示：结合下图思考。

（三）城市配送概述

1. 认识城市配送

城市配送是指服务于城区以及市近郊的货物配送活动，即在城市特定区域内，根据客户的要求对物品进行加工、包装、分割、组配等作业，并按时送至指定地点的物流活动。它具有高效率、低成本、个性化的特征。

城市配送的主要对象为商品、工业品等。城市配送从业者主要有专业物流服务商、转型搬家、货运公司、邮政和快递企业（主要从事小件、小包裹运输）等。

城市配送是物流链条中最后一公里的配送，在整个供应链环节内起着极为重要的起承作用。随着城市产业布局的调整、现代消费方式的升级、电子商务的广泛应用，小批量、多频次、时效强的城市直接配送、住宅配送以及"门到门"的配送需求日益增长。

2. 城市配送基本活动

一个较为完整的城市配送过程包括集货、储存、分拣、理货、配装、运输以及按客户需要进行的流通加工等。其流程如图 6.22 所示。

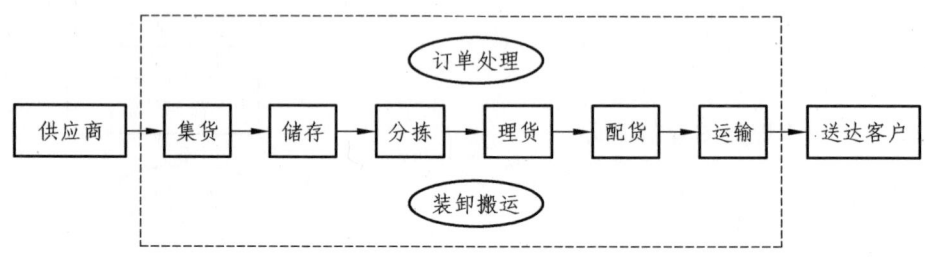

图 6.22　城市配送活动流程

城市配送以准时、快捷、经济、安全为服务理念，为客户提供运输咨询、上门取货、包装、承运、查询、到达交付的"一站式"门到门便捷服务。

二、小组活动

（一）活动内容

每位同学精心准备一份小礼物（如围巾、手套、刮胡刀等）送给爸爸妈妈，采用快递的方式给自己寄送。快递公司由每位同学自由选择（大家不要都选择同一家快递公司，尽量能选择到市面上所有的快递公司）。联系好快递公司后，打电话给快递员通知快递员来取件。活动最主要的目的是熟悉发件时快递运单上填写的内容及收件时验货签收等过程。通过此项活动，给父母一个惊喜，感谢他们的生育之恩，同时大家也可感受到不同快递公司的价格以及服务质量，并向全班同学分享自己的快递经历。

（二）活动安排

1. 根据自己的喜好选择一家快递公司。

2. 联系快递取件员到指定地点取件，注意单据的填写内容及过程。
3. 物品寄出后，通过互联网查询货物在途信息。
4. 收到快件时，检查包装是否完整，货物是否正确无破损，了解收件过程。
5. 把礼物送给爸妈，记录此刻爸妈和自己的心情。
6. 与其他同学分享自己的快递经历。

（三）活动要求

1. 独立寻找快递公司。
2. 以节约为前提，寄送有意义的小物品。
3. 用一节课时间，请每位同学写下这次快递体验感想，并粘贴到教室学习角进行分享。

（四）评 价

评分表

小组成员					
活动主题	快递运输方式体验				
评价标准	具体内容	分值	小组自评分	小组互评分	教师评分
	礼物有意义	20			
	详尽了解快递过程	50			
	分享深刻，有感染力	30			
	合计	100			
教师评语					

本模块小结

通过本章的学习，认识多式联运、大陆桥运输、集装箱货物运输、特快专递运输、城市配送这几种特殊运输方式。

多式联运是指使用两种或两种以上的运输方式，将货物从指定发送地点运至交付地点的运输组织形式。

多式联运全程包括货物在发运地的承运、运输途中各衔接点的中转、收货地的交付这三个环节。

目前世界上主要的大陆桥有北美大陆桥、西伯利亚大陆桥、新亚欧大陆桥。

集装箱是用来装运货物的一种容器，专供周转使用并便于机械操作和运输。

集装箱运费包括海运运费、收发货地的内陆运输费、港区服务费、集散运输费等

特快专递是指快递公司派快递员以最快的速度派送快件。

快递具有运送快捷、服务安全可靠、查询速度快等优越性。

城市配送是指服务于城区以及市近郊的货物配送活动，具有高效率、低成本、个性化的特征。

拓展阅读

中国港口集装箱吞吐量增长速度继续全球领先

2013 年，全球集装箱运输需求保持继续增长态势，中国港口集装箱吞吐量增长速度继续全球领先，增速区域差异更加明显。

中国科学院预测科学研究中心发布了 2013 年全球 Top20 集装箱港口预测报告，随着世界经济温和复苏，全球集装箱运输需求整体将保持继续增长态势，但航运公司仍将面临严峻的运力过剩问题，今年集装箱运输市场前景仍不容乐观。

港口集装箱吞吐量可以衡量一个港口在国际经济贸易中的地位，是全球经济和贸易发展的一个晴雨表。从全球前 20 大集装箱港口的预测结果来看，2013 年将有 11 个港口来自中国，前 10 大集装箱港口则有 7 个来自中国。中国港口集装箱吞吐量增长速度继续领先。其中，环渤海地区港口集装箱运量增速最快，天津港和青岛港集装箱吞吐量同比增长将达 10% 左右，大连港同比增长将达 24% 以上，而珠三角地区港口集装箱吞吐量增速较为缓慢，香港港集装箱吞吐量则可能负增长。

从区域看，亚洲地区主要港口集装箱吞吐量增速仍将高于全球平均水平，而多数欧美港口集装箱吞吐量整体仅维持低速的增长态势。

随着中国港口在国际海运中的地位大幅上升，我国港口部门应积极探索更加适宜的港口管理模式，拓展腹地城市的港口延伸产业，加快交通运输网络基础设施建设和港口建设统筹规划，避免重复建设和过度竞争。

思考与练习

一、单项选择题

1. 多式联运是在（　　　　）的基础上产生并发展起来的新型的运输方式，也是近年来在

国际运输上发展较快的一种综合连贯运输方式。
   A．公路运输　　　B.铁路运输　　　C.集装箱运输　　　D.水路运输
2．世界上大多数班轮公司的整箱货海运费都采用（　　）。
   A．最低运费　　　B.包箱费率　　　C.最高运费　　　D.免运费
3．集装箱一般应由（　　）提供。
   A．承运人　　　B.经营人　　　C.托运人　　　D.货主
4．（　　）把太平洋远东地区与波罗的海和黑海沿岸以及西欧大西洋口岸连起来。
   A．西伯利亚大陆桥　　　B.新亚欧大陆桥　　　C.北美大陆桥　　　D.南亚大陆桥
5．（　　）是目前货物运输中最快捷的运输方式之一。
   A．集装箱运输　　　B.多式联运　　　C.公路运输　　　D.水路运输
6．目前世界上主要的大陆桥有北美大陆桥、（　　）、新亚欧大陆桥。
   A．西伯利亚大陆桥　　　B. 南亚大陆桥　　　C. 亚欧大陆桥　　　D. 南美大陆桥
7．以下哪项不属于 EMS 禁寄的物品（　　）。
   A．包装安全的硫酸　　　B.包装安全的蜜蜂
   C.包装精美的淫秽书籍　　　D.没有包装的蚕
8．适合用集装箱运输的货物是（　　）。
   A．原油　　　B. 电器　　　C. 矿石　　　D.砂糖
9．关于多式联运的特点，说法错误的是（　　）。
   A．有一个多式联运经营人对货物的运输全程负责
   B．全程单一费率
   C．至少要签两份运输合同
   D．至少包含两种不同运输方式
10．以下不属于城市配送的特征的是（　　）。
   A．高效率　　　B. 低成本　　　C. 个性化　　　D.辐射广

二、多项选择题

1．多式联运的特点（　　）。
   A．全程单一费率　　　B. 至少两种不同运输方式的连续运输
   C．经济性最优化　　　D. 具有一个多式联运合同
2．城市配送以（　　）为服务理念。
   A．准时　　　B. 快捷　　　C. 安全　　　D. 经济
3．特快专递运输具有（　　）优越性。
   A．运送快捷　　　B. 运载量大　　　C. 服务安全可靠　　　D. 查询速度快
4．特种货物集装箱包括（　　）。
   A．保温集装箱　　　B. 通用集装箱　　　C. 专用集装箱　　　D. 干散货集装箱
5．特快专递包含（　　）。
   A．上门取件　　　B. 货到分发　　　C. 客户签收确认　　　D. 备货

三、填空题

1. 多式联运的优越性表现在_____、_____、_____、_____、_____这几个方面。
2. 集装箱按照用途分类，可以分为_____、特种货物集装箱、_____三种。其中特种货物集装箱又可以分为_____、_____、_____、按货物命名的集装箱这四类。
3. 集装箱危险货物指的是具有____、____、____、____、____等危险性的货物。
4. 特快专递运输的特点主要体现在_____、_____、_____、服务质量这几个方面。
5. 城市配送的从业者主要有专业物流服务商、_____、_____、_____等。
6. _____也称为第一亚欧大陆桥，_____也称为第二亚欧大陆桥。

四、简答题

1. 简述多式联运的特点及流程。
2. 为什么集装箱货物运输被称为20世纪的"运输革命"？
3. 简述特快专递运输的作业流程。

五、计算题

1. 某运动鞋生产公司出口产品1 500箱，每箱体积为40 cm×20 cm×25 cm，毛重为30 kg。已知该商品的计费标准为 W/M，等级为10级，每吨运费率为180美元，另查得知要加收港口附加费15%。请问：该批货物的运费总共是多少？

模块七　特种货物运输

 引导案例

2008年8月8日，威海进出口贸易有限公司（以下简称：威海公司）委托诺傲物流有限公司（以下简称：诺傲公司）运输一批白磷（危险易燃品）。从湖南长沙运到广州黄埔港。诺傲公司接到委托后，马上准备危险品集装箱并积极做好存放白磷的货架。由于没有适合的集装箱，诺傲公司临时调来了一个军火集装箱来装运。接到货后，发现白磷用水瓶装着，10个水瓶放在一个纸箱里面，瓶与瓶之间没有东西做护垫，一共100箱。

诺傲公司马上准备装箱，操作工人没有穿防护衣服就开始装箱了。纸箱原封不动的放进集装箱并整齐的层层叠放。后来发现，集装箱还剩余很大空间，于是诺傲公司就装载了一批烟花。车于2008年8月10日开始往目的地出发，车开了一段时间后发生了火灾。

经过调查发现：

1. 货物摆放的时候没有加固，途中有一箱掉了下来，并摔碎玻璃瓶，白磷流出。
2. 集装箱内温度超过40℃，白磷自燃。
3. 集装箱在装箱之前没有清扫，有火药残留。

那么，造成这起悲剧的根本原因是什么呢？诺傲公司操作工人的操作有哪些不规范的地方呢？在危险品装卸和运输中应注意那些问题呢？带着这些问题我们开始本模块内容的学习。

任务一　认识危险品运输

 任务描述

A工厂主要从事甲萘胺等颜料中间体的生产销售。在一次托运过程中，A工厂瞒报危险货物名称，未向承运人说明运输危险化学品的危害性质，导致此票货物在船方不知情的情况下，被不当积载于加热燃油舱上，而发生泄漏事故，责任在于托运人A工厂。

那么，危险品运输应该注意些什么呢？

1. 了解危险品种类。

2. 认识危险品运输的注意事项。
3. 学习危险品运输组织工作。

任务实施

一、知识准备

（一）危险品的种类及运输特点

1. 危险品的种类

危险品是指具有燃烧、爆炸、毒害、腐蚀、放射射线等性质，在运输、装卸、储存和保管过程中，容易造成人身伤亡和财产损毁而需要特别防护的货物。只有同时兼备下列三项特征的货物方可被称为危险品：

（1）具有易燃、易爆炸、毒害、腐蚀、放射射线等性质。

（2）容易造成人身伤亡和财产损毁。

（3）在运输、装卸、储存和保管过程中需要特别防护。

我国根据联合国推荐的《危险货物运输》中的危险品分类方法，于 2012 年 12 月 1 日发布实施了中华人民共和国国家标准《危险货物分类和品名编号》（GB 6944—2012），其将危险品按其主要特征和运输要求分为 9 类：

① 爆炸品。常见的爆炸品有火药、炸药、起爆药、弹类、烟花爆竹等。

② 压缩、液化或加压溶解的气体。常见的此类货物有氧气、氯气、氨气、乙炔、石油气等。

③ 易燃液体。常见的此类货物有乙醇（酒精）、苯、乙醚、二硫化碳、油漆类以及石油制品和含有机溶剂制品等。

④ 易燃固体，易自燃或遇湿易燃物品。如黄磷和油浸的麻、棉、纸及其制品等。如钠、钾等碱金属和电石（碳化钙）等。

⑤ 氧化剂和有机过氧化物。如硝酸钾、氯化钾、过氧化钠、过氧化氢（双氧水）等。如过氧化二苯甲酰、过氧化乙基甲基酮等。

⑥ 毒害品和感染性物品。如四乙基铅、氢氰酸及其盐、苯胺、硫酸二甲酯、砷及其化合物以及生漆等。

⑦ 放射性物品。如铀、钍矿石及其浓缩物，未经辐照的固体天然铀、贫化铀和天然钍以及表面污染物体、可裂变物质、低弥散物质等。

⑧ 腐蚀品。如硫酸、硝酸、盐酸、氯化氢、氢氧化钠、甲醛等。

⑨ 其他危险物品。如大蒜油等。

在物流运输中，确定某种危险品的归属类别，主要是看该物品的哪一种危险特性居于主导地位，就把其归为哪一类危险品。常见的危险品如图 7.1 所示。

图 7.1　常见的危险品

2. 危险品的运输特点

（1）品类繁多。

按照危险货物的危险性，《危险货物分类与品名编号》（GB 6944—2012）将危险品分为 9 类共 22 项。每一项中又包含具体的危险货物，《危险货物品名表》（GB 12268—2012）中在册的已达 2 763 个品名。2 763 种危险货物和每年不断新增加的危险品，其物理和化学性质差异很大。

（2）危险性大。

危险品具有特殊的物理、化学性能，运输中如防护不当，极易发生事故，并且事故所造成的后果较一般车辆事故更加严重。就拿液化石油气来说，由于它具有易燃、易爆、易产生静电等特性，因此，液化石油气的运输过程中会遇到各种危险，如着火危险、爆炸危险等。

（3）运输管理的规章制度多。

危险品运输是一个附加值比较高的业务，也是危险性比较大的业务，稍有不慎即会给企业、国家造成巨大损失，给社会造成巨大的危害，给人民群众造成巨大的灾难，这就要求危险品运输企业必须规范管理与运作，承运车辆必须符合危险品运输的条件并配备相应的各种设备，危险品操作人员必须经过各类危险化学品操作培训持证上岗。危险品运输是整个道路货物运输的一个重要组成部分，除要遵守各级各项特殊规定。比如，道路危险货物运输的国家标准、道路危险货物运输行业标准，以及所在城市相关规定。

（4）专业性强。

危险品运输不仅要满足一般货物的运输条件，严防超载、超速等危及行车安全的情况发生，还要根据货物的物理和化学性质，满足特殊的运输条件。其运输环节是一项技术性和专业性很强的工作。

① 业务专营，资质从严。

国务院《危险化学品安全管理条例》（国务院 344 号令）及交通部《道路危险货物运输管理规定》（交通部 2005 年第 9 号令）中明确规定：只有符合规定资质并办理相关手续的经营者才能从事道路危险货物运输经营业务。同时还规定，凡从事道路危险货物运输的单位，必须拥有能保证安全运输危险货物的相应设施、设备；从事营业性道路危险货物运输的单位，必须具有 5 辆以上专用车辆的经营规模、配有相应的专业技术管理人员，并已建立健全安全操作规程、岗位责任制、车辆设备保养维修和安全质量教育等规章制度。

② 车辆专用，设备齐全。

装运危险货物的车辆不同于普通货物运输的车辆，交通部发布的《汽车运输危险货物规则》和《营运车辆技术等级划分和评定要求》对装运危险货物的车辆技术状况和设施做了特别的规定。

③ 人员专业，知识武装。

危险货物运输业是一个特殊的行业，从事道路危险货物运输的相关人员必须掌握危险货物运输的有关专业知识和技能，并做到持证上岗。从事道路运输危险货物的驾驶员、押运员和装卸人员必须了解所运载的危险货物的性质、危害特性、包装容器的使用特性和发生意外时的应急措施。

（二）危险品运输注意事项

凡具有腐蚀性、自然性、易燃性、毒害性、爆炸性等性质在运输、装卸和储存保管过程中容易造成人身伤亡和财产损毁而需要特别防护的物品，均属危险品。危险品具有特殊的物理、化学性能，运输中如防护不当极易发生事故，并且事故所造成的后果较一般车辆事故更加严重。因此，为确保安全，在危险运输中应注意以下八点：

（1）注意包装。危险品在装运前应根据其性质、运送路程、沿途路况等采用安全的方式包装好。包装必须牢固、严密，在包装上做好清晰、规范、易识别的标志。

（2）注意装卸。危险品装卸现场的道路、灯光、标志、消防设施等必须符合安全装卸的条件。装卸危险品时，汽车应在露天停放，装卸工人应注意自身防护，穿戴必需的防护用具。严格遵守操作规程，轻装、轻卸，严禁摔碰、撞击、滚翻、重压和倒置，怕潮湿的货物应用篷布遮盖，货物必须堆扎牢固。不同性质的危险品不能同车混装，如雷管、炸药等切勿同装一车。

（3）注意用车。装运危险品必须选用合适的车辆。爆炸品、一级氧化剂、有机氧化物不得用全挂汽车列车、三轮机动车、摩托车、人力三轮车和自行车装运，爆炸器、一级氧化剂、有机过氧物、一级易燃品不得用拖拉机装运。除二级固定危险品外，其他危险品不得用自卸汽车装运。

（4）注意防火。危险货物运输忌火，危险品在装卸时应使用不产生火花的工具，车厢内严禁吸烟，车辆不得靠近明火、高温场所和太阳暴晒的地方。装运石油类的油罐车在停驶、装卸时应安装好地线，行驶时应使地线触地，以防静电产生火灾。

（5）注意驾驶。装运危险品的车辆应设置 GB 13392—2005《道路运输危险货物车辆标志》规定的标志。汽车运行必须严格遵守交通、消防、治安等法规，应控制车速，保持与前车的距离遇有情况提前减速，避免紧急刹车，严禁违章超车，确保行车安全。

（6）注意漏散。危险品在装运过程中出现漏散现象时，应根据危险品的不同性质，进行妥善处理。爆炸品散落时，应将其移至安全处修理或更换包装，对漏散的爆炸品及时用水浸湿，请当地公安消防人员处理。储存压缩气体或液化气体的罐体出现泄漏时，应将其移至通风场地，向漏气钢瓶浇水降温。液氨漏气时，可浸入水中。其他剧毒气体应浸入石灰水中。易燃固体物品散落时，应迅速将散落包装移于安全处所。黄磷散落后应立即浸入水中，金属钠、钾等必须浸入盛有煤油或无水液体石蜡的铁桶中。易燃液体渗漏时，应及时将渗漏部位朝上，并及时移至安全通风场所修补或更换包装，渗漏物用黄沙、干土盖没后扫净。

（7）注意停放。装载危险品的车辆不得在学校、机关、集市、名胜古迹、风景游览区停放，如必须在上述地区进行装卸作业或临时停车时，应采取安全措施，并征得当地公安部门的同意。停车时要留人看守，闲杂人员不准接近车辆，做到车在人在，确保车辆安全。

（8）注意清厢。危险品卸车后应清扫车上残留物，被危险品污染过的车辆及工具必须洗刷清毒。未经彻底消毒，严禁装运食用、药用物品、饲料及动植物。

> **想一想**：任务描述中危险品运输应该注意哪些事项？
>
> **小启示**：危险品运输主要有八注意：①注意包装；②注意装卸；③注意用车；④注意防火；⑤注意驾驶；⑥注意漏散；⑦注意停放；⑧注意清厢。

（三）危险品运输组织工作

进行危险品运输的从业人员一定要细心，具有高度的责任感，熟悉危险品的储存和注意事项，相关救济物品准备齐全，既是该工作职业的需要，也是对个人生命安全负责。

（1）从事运输危险品的驾驶员必须具有高度的责任感和事业心，牢固树立对国家企业人民生命财产负责的责任性。

（2）从事危险品运输的驾驶员必须持有公安消防部门核发在有效期内的"危险运输证"。

（3）运输化学、危险物品要事先掌握了解货物的性能和消防、消毒等措施，对包装容器、工具和防护设备要认真检查，严禁危险品漏、散和车辆带故障运行。

（4）在运输、停靠危险区域时，不准吸烟和使用明火。

（5）凡危险品的盛装容器发现有渗漏、破损等现象，在未经改装和采取其他安全措施之前易引起氧化分解、自燃或爆炸现象，应立即采取自救，向领导、厂方、当地消防部门报告，尽快妥善处理解决。

（6）易燃危险品在炎热的季节应在上午10时前、下午3时后运输。

（7）严禁将有抵触性能的危险物品混装在一起运输，各种机动车进入危险品库区、场地时，应在消声器上装卸阻火器后方能进入。

（8）装运危险物品的车辆不准停在人员稠密、集镇、交通要道、居住区等地主，不准将载有危险品的车辆停放在本单位车间、场内。如确因装卸不及、停车或过夜修理等，应向领导或负责值班人员报告，采取必要的防护措施。

（9）危险物品运输的车辆（见图7.2）应及时进行清洗、消毒处理，在清洗、消毒时应注意危险物品的性质，掌握清洗、消毒方法知识，防止污染、交叉反应或引起中毒等事故。

（10）凡装运危险物品的车辆需过渡口时应自觉报告渡口管理部门，遵守渡口管理规定。装运危险物品的车辆应严格遵守公安消防部门指定的路线行驶。

（11）装运危险物品的车辆应配备一定的消防器材、急救药品、黄色三角旗或危险品运输车辆标志等。

（12）危险品运输驾驶员除遵守上述安全操作规程之外，还需遵守汽车驾驶员的安全操作规程。

图 7.2 危险品运输车辆

二、小组活动

(一) 活动内容

以小组为单位查询资料,找出一个危险品运输事故的案例,并进行分析。

(二) 活动安排

1. 以 4~6 人为一个小组,选取一个小组长。
2. 各小组收集材料,对任务进行分析。
3. 由小组长汇报,其他成员补充。

(三) 活动要求

1. 资料收集要真实、充分。
2. 制作相关文档。
3. 每个小组展示时间为 5 分钟。

(四) 评 价

评分表

小组成员					
活动主题	危险品运输事故分析				
评价标准	具体内容	分值	小组自评分	小组互评分	教师评分
	查阅资料的渠道多	20			
	查阅的资料真实、广泛	50			
	课件制作效果好	30			
	合计	100			
	教师评语				

任务二 认识鲜活易腐货物运输

任务描述

首鑫公司是一家专门从事鲜活易腐货物运输的公司，最近公司接到一个订单，将20头奶牛从漳州市运送到杭州市，由于漳州市到杭州市路途遥远，那么首鑫公司在完成这笔订单时需要做哪些工作呢？在运送奶牛的过程中应该注意些什么呢？

任务目标

1. 识别鲜活易腐货物及其分类。
2. 了解鲜活易腐货物运输的注意事项。
3. 学习鲜活易腐货物运输组织工作。

任务实施

一、知识准备

（一）鲜活易腐货物的分类及特点

1. 鲜活易腐货物的定义

鲜活易腐货物品是指在一般运输条件下易于死亡或变质腐烂的物品，如虾、蟹类，肉类、花卉、水果、蔬菜类，沙蚕、活冻贝、鲜鱼类，植物类、菌类、蚕种、乳制品、冰冻食品。此类货物在运输和保管过程中需采取特别的措施，保持一定的湿度、温度等，以保持其鲜活或不变质。

2. 鲜活易腐货物的分类

鲜活易腐货物分为易腐货物和活动物两大类，其中占比例最大的是易腐货物。易腐货物是指在一般条件下保管和运输时，极易受到外界气温及湿度的影响而腐坏变质的货物，主要包括肉、鱼、蛋、水果、蔬菜、冰鲜活植物等，活动物包括禽、畜、兽、蜜蜂、活鱼、鱼苗等。常见的鲜活易腐货物如图7.3所示。

易腐货物按其温度状况（即热状态）的不同，又可分为三个类别。

（1）冻结货物，是指经过冷冻加工成为冻结状态的易腐货物。《鲜规》规定，冻结货物的承运温度（除冰外）应在-10 ℃以下。

（2）冷却货物，是指经过预冷处理后货物温度达到承运温度范围之内的易腐货物。《鲜规》规定，冷却货物的承运温度，除香蕉、菠萝为11~15 ℃外，其他冷却货物的承运温度在0~

7 ℃。

（3）未冷却货物，是指未经任何冷冻工艺处理，完全处于自然状态的易腐货物。例如采收后以初始状态提交运输的瓜果、鲜蔬菜等。

按照热状态来划分易腐货物种类的目的，是为了便于正确确定易腐货物的运输条件（如车种、车型的选用，装载方法的选取，以及运输方式、控温范围，冰盐比例、途中服务的确定等），合理制定运价，提高综合经济效益。

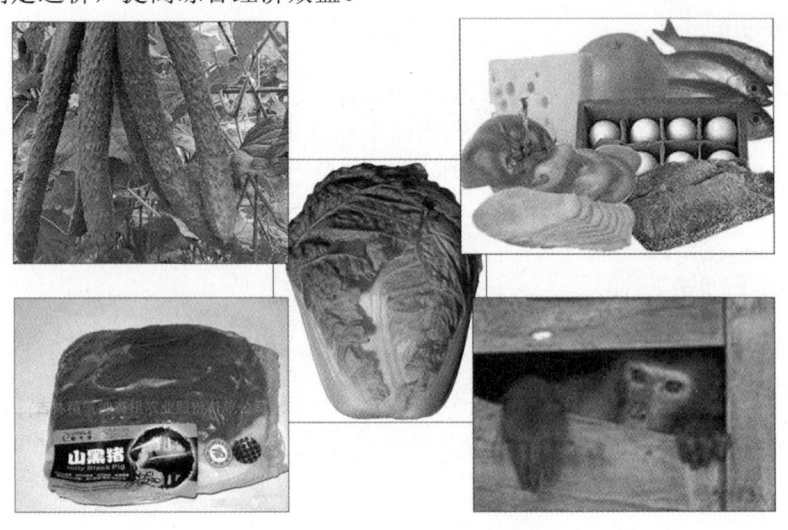

图 7.3　常见的鲜活易腐货物

3. 鲜活易腐货物的特点

（1）运送的时间上要求紧迫，部分鲜活易腐货物，极易变质，要求以最短的时间，最快的速度及时运到。

（2）需有人随车押运照料。如运输兽、畜、蜜蜂、鱼、虾以及鱼苗、鳗苗等活动物，需有人在运输途中添加饲料、上水、换水、注氧气等，可用一般敞式货车（装运耕牛或生猪时，不能使用全铁底板车厢的货车），或经适当改装的专用车、高栏板车等运输。

（3）对温度要求不同。运送肉类的温度要低，蛋类温度要适中，水果、蔬菜或鲜花均怕热又怕冷，如苹果和梨要保持 0～4 ℃，香蕉和菠萝要保持 12～14 ℃、8～10 ℃ 等。运输此类货物适宜使用冷藏车（见图 7.4）、保温车。对于要保持零度以上温度的货物，可采取加盖保温材料和封闭车厢车辆运输。

图 7.4　冷藏车

（4）季节性强、货流波动幅度大。如水果主要产于夏季与秋季，海洋水产有冬汛和春汛期，鲜蛋的运输旺季在4—6月，蔬菜运输旺季在11月至次年的5月等。由于各地自然条件不同和气候变化不一样，往往影响这些物资产量，使货流产生波动。

（二）鲜活易腐货物运输注意事项

托运鲜活货物，应提供最长运输期限及途中管理、照料事宜的说明书，有关部门提供的动植物检疫证明和准运手续，对于运输途中需要饲养和照料的动、植物，托运人必须派人押运。

对于易腐需冷藏保温的货物，托运人应提供货物的冷藏温度和在一定时间的保持温度。鲜活、易腐货物原则上专车专运，不得与其他货物混装。对装载水果、蔬菜、鲜活植物等，各货件之间应留有一定的间隙，使空气能在货件间充分流动。车厢底板最好有底格，装货时应使货件与车壁留有适当空隙，以便使经由车壁和底板传入车内的热量，可以由空气吸收而不至直接影响货物，至于易腐货物，除冷冻货物应采用紧密堆码不留空隙（使货物本身积蓄的冷量不易散失），对本身不发热的某些冷冻货物（如冷冻鱼虾），虽可以采用紧密堆码法，但应防止过分紧压，以免损伤物体，影响质量。对于活口动物，如牛、马需用绳索拴牢在高栏板内，禽、兽及其他小动物须用集装笼或专用工具，固定在车厢内，保持平稳、妥当。

对鲜活货物应运送及时，运行中不得随便紧急制动，并配合押运人定时停车照料。易腐货物要快速运输，压缩货物在途中的时间，以保障货运质量。

（三）鲜活易腐货物运输组织工作

对于鲜活易腐货物的运输应坚持"四优先"的原则，即优先安排运输计划、优先进货装车、优先取送、优先挂运。

发货人在托运之前，应根据货物的不同性质，做好货物的包装工作。托运时，应向承运人提出货物最长的运达期限、某一种货物的具体运输温度及特殊要求，提交卫生检疫等有关证明，并在托运单上注明。检疫证明应退回发货人或随同托运单代递到终点站，交收货人。

承运鲜活易腐货物时，承运人应对货物的质量、包装、温度等进行仔细检查。承运人应根据货物的种类、性质、运送季节、运距和运送地方来确定具体的运输服务方法，及时地组织适合的车辆予以装运。

鲜活易腐货物装车前，应认真检查车辆及设备的完好状态，做好车厢的清洁、消毒工作，适当风干后再装车。装车时，应根据不同货物的特点，确定其装载方法。对于鲜活易腐货物的运送，应充分发挥公路运输的快速、直达的特点，协调好仓储、配载、运送各环节，及时运送。运输途中，应由托运方派人沿途照料。天气炎热时，应尽量利用早晚时间行驶。

> **想一想**：如果现在有一批蔬菜和一批衣物要运输至某地，是优先运输蔬菜还是衣物呢？
>
> **小启示**：根据鲜活易腐货物运输的"四优先"原则。

二、小组活动

（一）活动内容

选取某类具体鲜活易腐货物，分组进行资料收集，分析其主要特性及运输工作应如何组织，说明关键作业环节应采取的主要措施。

（二）活动安排

1. 以 4~6 人为一个小组。
2. 各小组制作 PPT 进行成果分享。
3. 准备时间为三天。

（三）活动要求

1. 图片广泛、精美。
2. 讲解生动。
3. 每个小组派一名代表讲解，时间为 5~8 分钟。

（四）评　价

评分表

小组成员					
活动主题	鲜活易腐货物运输作业分析				
评价标准	具体内容	分值	小组自评分	小组互评分	教师评分
	讨论积极	30			
	图片广泛、精美	40			
	讲解生动	30			
	合计	100			
教师评语					

本模块小结

　　通过本章的学习，理解危险品与鲜活易腐货物的概念，了解危险品与鲜活易腐货物运输的注意事项，掌握危险品与鲜活易腐货物运输组织工作。

　　危险品是指具有燃烧、爆炸、毒害、腐蚀、放射射线等性质，在运输、装卸、储存和保管过程中，容易造成人身伤亡和财产损毁而需要特别防护的货物。

在危险运输中应注意八点：① 注意包装；② 注意装卸；③ 注意用车；④ 注意防火；⑤ 注意驾驶；⑥ 注意漏散；⑦ 注意停放；⑧ 注意清厢。

鲜活易腐货物品是指在一般运输条件下易于死亡或变质腐烂的物品。

易腐货物按其温度状况（即热状态）的不同，可分为冻结货物、冷却货物、未冷却货物三个类别。

拓展阅读

迈阿密花卉公司的花卉保鲜物流

专业经营新鲜花卉，仅仅经营玫瑰花保鲜物流链配送服务并且获得巨大成功的美国迈阿密花卉公司利用一切现代化手段和电子信息技术，把他们公司运营的花卉物流系统的所有功能发挥到极限。每天晚上，几架空运货机，满载着从拉丁美洲新收割的玫瑰花，徐徐降落在迈阿密国际机场。经过简短的手续后，鲜花被装载到专程前来接运的集装箱卡车或者国内航空班机上，直接运送到国内各地的物流链配送服务站、超级市场和大卖场，再通过它们飞速传送到北美大陆各大城市的鲜花商店、小贩、快递公司和消费者手中。

花卉保鲜物流公司正在采取如下几个措施：

1．大力发展互联网管理经营，充分利用信息通信技术把拉丁美洲中部国家的花卉农场迅速带入现代化国际电子信息市场，把花卉农场、承运人、进出口商、仓储、集装箱运输、市场和消费者紧紧地联系在一起，增强相互之间的透明度。例如，世界上某一个国家某一座城镇的某一个消费者需要花卉，只要在互联网上发定购有关花卉的品种、数量和需要的日期等，在规定的时间内就有人把定购的花卉送到消费者的手中。

2．寻找降低运输花卉成本的更好办法。目前正在使用新发明的保温时间可以持续 96 个小时，可以储存在宽体飞机底部货舱内的环保式集装箱专门运输玫瑰等名贵花卉，因为货机底部货舱没有保温设备，运价特别低廉。

3．并不是每一种容易变质的物品都必须像玫瑰花那样需要空运，但是为了保值，每一种容易变质的货物都需要人们花费巨大的精力去呵护。

思考与练习

一、单项选择题

1．中华人民共和国国家标准《危险货物分类和品名编号》（GB 6944—86）于（ ）颁布实施。

  A．1987 年 7 月 1 日   B．1987 年 7 月 7 日
  C．1988 年 7 月 7 日   D．1988 年 7 月 1 日

2．下列物品属于易燃固体的是（　　）。
   A．乙炔　　　　B．黄磷　　　　C．硝酸钾　　　　D．氯化氢
3．装运危险物品的车辆应配备一定的消防器材、急救药品、（　　）色三角旗或危险品运输车辆标志等。
   A．绿　　　　　B．白　　　　　C．红　　　　　　D．黄
4．易腐货物在一般条件下保管和运输时，极易受到外界气温及（　　）的影响而腐坏变质。
   A．压强　　　　B．湿度　　　　C．空气含氧量　　D．光度
5．一般来说，承运温度在 0～7 ℃的货物为（　　）。
   A．冷冻货物　　B．冷却货物　　C．未冷却货物　　D．一般货物
6．运输下面那种货物时，不能使用全铁底板车厢的货车（　　）。
   A．金鱼　　　　B．冻猪肉　　　C．蔬菜　　　　　D．耕牛
7．危险品是指具有燃烧、爆炸、毒害、腐蚀、放射射线等性质，在运输、装卸、储存和保管过程中，容易造成（　　）和财产损毁而需要特别防护的货物。
   A．人身伤亡　　B．物品破损　　C．车辆爆破　　　D．危害健康
8．鲜活易腐货物品是指在一般运输条件下易于死亡或（　　）的物品。
   A．不新鲜　　　B．腐臭　　　　C．变质腐烂　　　D．陈腐
9．易腐货物按其温度状况（即热状态）的不同，可分为冻结货物、冷却货物、未冷却货物三个类别。
   A．未冻结货物　B．冻结货物　　C．流体货物　　　D．非流体货物
10．下列属于鲜活易腐货物的是（　　）。
   A．石头　　　　B．冰箱　　　　C．虾仁　　　　　D．大米

二、多项选择题

1．下列属于危险品的是（　　）。
   A．硫酸　　　　B．酒精　　　　C．蔬菜　　　　　D．炸药
2．危险品的运输特点包括（　　）。
   A．品类繁多　　B．危险性大　　C．运输管理的规章制度多　　D．专业性强
3．下列属于鲜活易腐货物的是（　　）
   A．蛋　　　　　B．鲜肉　　　　C．蔬菜　　　　　D．牛奶
4．鲜活易腐货物运输的特点包括（　　）。
   A．运送时间要求紧迫　　　　　B．需要人随车押运照料
   C．对温度的要求不同　　　　　D．季节性强、货流波动幅度大
5．在危险运输中应注意（　　）。
   A．包装　　　　B．装卸　　　　C．用车　　　　　D．防火

三、填空题

1．《危险货物分类和品名编号》（GB 6944—86），将危险品按其主要特征和运输要求分为_____类。

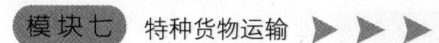

2．危险品具有特殊的物理、_____性能。
3．危险货物具有腐蚀性、_____性、易燃性、_____性、爆炸性。
4．易燃危险品在炎热的季节应在上午_____时前、下午_____时后运输。
5．鲜活易腐货物分为易腐货物和_____两大类。
6．鲜活易腐货物品是指在一般运输条件下易于死亡或_____的物品。

四、简答题

1．危险品具备哪些特征？
2．危险运输中应注意哪些问题？
3．鲜活易腐货物有哪些特点？
4．鲜活易腐货物运输时应注意哪些内容？

模块八　纠纷与保险

 引导案例

2007年6月13日,甲公司与蓝某(自然人)经协商,签订了一份运输合同,合同约定,甲公司委托乙公司赣B05788号车,承运赣州至广州货运业务,共计1 769件电池,全程运费3 600元,预付2 000元,余款在履行合同后付清,并约定运输途中发生货差、货损、雨淋、被盗等,由承运人负责赔偿等,被告蓝某以个人名义在合同上签了字。合同签订后,甲公司即向蓝某支付了2 000元运费,并将货物交给其运输。蓝某也按照合同的约定,在6月14日按期将货物运至收货人广州东力电池实业有限公司处,但由于途中遇雨,而货车的帆布又存在大面积漏水、渗水现象,故致使相当一部分电池被雨水淋湿严重,耽误了收货人当天货柜的船期。为降低损失,托运人赣州丙公司连夜安排车辆立即运输部分材料到广州,收货人也连夜安排人员加班加点检查,更换包装,同时甲公司也积极安排车辆运输部分电池到广州以配齐货柜数量,直至次日上午8时货柜才配足数量离开。

据此,托运人丙公司于2007年7月7日向甲公司提出了以下赔偿要求:① 由于货柜耽误一天才出货,船运公司要赔偿丙公司2 400元。② 丙公司派人和车运送材料从赣州到广州的来回费用1 500元。③ 加班加点的搬运、全检及更换包装的加班费用1 500元。④ 损坏的电池共4 224粒的价值3 380元,损坏的纸箱、纸盒、防潮袋、打包带等的材料成本1 000元,上述赔偿请求共计9 780元。后甲公司经与丙公司协商,甲公司于2007年9月26日向丙公司支付了赔偿款8 580元。

由于乙公司与蓝某于2006年12月1日签订了一份车辆挂靠服务合同,蓝某以自己所有的赣B05788号大货车挂靠至乙公司名下,合同期限为一年,在合同期间,乙公司为被告蓝某协助办理处检、季检、工商管理、营运等相关手续,费用由蓝某支付,乙公司每月向蓝某收取服务费100元等。据此,蓝某所有的赣B05788号大货车的行驶证、道路运输证均登记在乙公司名下。甲公司在支付上述款项后,将蓝某和乙公司一同诉至法院,要求其支付上述赔偿费用。

那么法院应该要怎么判决呢?

任务一　了解运输纠纷

**任务描述**

A公司是一家货运公司，因一次交通事故损坏了价值30万的货物，但是后来A公司发现这次客户托运的货物是没有签运输协议的，也没有任何运输合同。但是客户因此次事件将之前应该支付给A公司的运输费给扣掉了。

请问：A公司在这种情况下可以采取什么途径来解决这起纠纷呢？

**任务目标**

1．了解运输纠纷。
2．掌握运输纠纷的解决途径。

任务实施

一、知识准备

（一）运输纠纷概述

运输纠纷是在运输过程中由于合同双方当事人的原因造成的没有按合同规定履行义务的行为。运输纠纷的发生既有承运人的原因也有托运人的原因。承运人因货损等各种原因会造成对托运方的损失，托运方也会因提供的资料不全造成对承运方的损失。运输纠纷有以下类型：

① 货物灭失纠纷。
② 货损、货差纠纷。
③ 货物延迟交付纠纷。
④ 单证纠纷。
⑤ 运费、租金等纠纷。
⑥ 运输工具损害纠纷。

（二）运输纠纷解决的途径

1．协商谈判

协商谈判，也称一般性商业谈判。它是合同谈判的前提和基础，包括一般性会见、访问交流、意向性谈判等。这种谈判主要是双方建立关系，沟通信息，探测摸底。协商谈判中必须遵守合法原则、公平与自治原则和诚信、自律原则。

协商谈判的步骤主要是计划与分析、交换信息、让步和承诺、达成协议。

2. 调解

调解是指在第三方支持下，以国家法律、法规、规章和政策以及社会工德为依据，对争议双方进行斡旋、劝说，促使他们互相谅解、进行协商，自愿达成协议，消除纷争的活动。调解的类型主要有：在第三人参与下进行调解、在仲裁机构参与下进行调解，即调解与仲裁结合、在法院参与下进行调解。

3. 仲裁

仲裁是指争议当事人在自愿基础上达成协议，将争议提交非司法机构的第三者审理，由第三者作出对争议各方均有约束力的裁决的一种解决争议的制度和方式。当事人申请仲裁应当符合下列条件：① 有仲裁协议；② 有具体的仲裁请求和事实、理由；③ 属于仲裁委员会的受理范围。

4. 民事诉讼

民事诉讼是指人民法院在当事人和全体诉讼参与人的参加下，依法审理和解决民事纠纷的活动。民事诉讼审判程序可以分为第一审普通程序、简易程序、第二审程序、特别程序等。

想一想：任务描述中A公司在这种情况下可以采取什么途径来解决这起纠纷呢？

小启示：对于这起纠纷，A公司可以采用协商谈判、调解、仲裁、民事诉讼等方式解决。

二、小组活动

（一）活动内容

选取一个运输纠纷的案例，分析其纠纷类型及解决途径。

（二）活动安排

1．以4～6人为一个小组。
2．制作一个简单的文档。
3．准备时间为两天。

（三）活动要求

1．图片广泛、精美。
2．讲解生动。
3．每个小组派一名代表讲解，时间5～8分钟。

（四）评　价

评分表

小组成员					
活动主题	运输纠纷解决案例分析				
评价标准	具体内容	分值	小组自评分	小组互评分	教师评分
	讨论积极	30			
	图片广泛、精美	40			
	讲解生动	30			
合计		100			
教师评语					

任务二　了解运输保险

任务描述

H 公司向欧洲出口一批器材，投保海运货物平安险。载货轮船在航行中发生碰撞事故，部分器材受损。另外，公司还向美国出口一批器材，由另外一船装运，投保了海运货物水渍险。船舶在运送途中，由于遭受暴风雨的袭击，船身颠簸，货物相互碰撞，发生部分损失。后船舶又不幸搁浅，经拖救脱险。试分析上述货物是否该由保险公司承担赔偿责任。

任务目标

1. 了解运输保险。
2. 了解各种运输方式的运输保险。

任务实施

一、知识准备

（一）运输保险概述

货物运输保险是指被保险人（买方或卖方）向保险人（保险公司）按一定的金额投保一定的险别，并根据一定的保险费率交纳保险费，保险人承保后，对于被保险货物在运输途中发生的承保范围内的损失给予经济补偿。开设货物运输保险，是为了使运输中的货物在水路、铁路、公路和联合运输过程中，因遭受保险责任范围内的自然灾害或意外事故所造成的损失能够得到经济补偿，并加强货物运输的安全防损工作，以利于商品的生产和商品的流通。

（二）陆上货物运输保险

1. 陆上货物运输保险的定义

陆上货物运输保险是货物运输保险的一种。陆上运输货物保险的责任起讫采用"仓至仓"责任条款。中国人民保险公司的陆上运输货物保险条款以火车和汽车为限，其主要险别分为陆运险和陆运一切险，陆上运输货物战争险是陆上运输货物保险的附加险。

2. 陆上货物运输保险的责任范围

陆上货物运输保险分为陆运险和陆运一切险。陆运险的责任范围：①保险人负责赔偿被保险货物在运输途中遭受暴风、雷电、洪水、地震等自然灾害或由于运输工具遭受碰撞倾覆、出轨或在驳运过程中因驳运工具遭受搁浅、触礁、沉没、碰撞，或由于遭受隧道坍塌、崖崩或失火、爆炸等意外事故造成的全部损失或部分损失。②被保险人对遭受承保责任内危险的货物采取抢救，防止或减少货损的措施而支付的合理费用，但以不超过该被救货物的保险金额为限。陆运一切险的责任范围除了陆运险的责任外，保险人还负责被保险货物在运输途中由于外来原因所致的全部损失或部分损失。

3. 陆上货物运输保险的除外责任

除外责任指保险不予负责的损失或费用，一般都有属非意外的、非偶然性的或须特约承保的风险。陆运险对于下列损失不负责赔偿：

（1）被保险人的故意行为或过失所造成的损失。

（2）属于发货人责任所引起的损失。

（3）在保险责任开始前，被保险货物已经存在的品质不良或数量短差所造成的损失。

（4）被保险货物的自然损耗、本质缺陷、特性以及市价跌落、运输延迟所引起的损失和费用。

（5）陆上货物运输战争险条款和货物运输罢工险条款规定的责任范围和除外责任。

4. 陆上货物运输保险索赔时效

因公路运输的纠纷要求赔偿的有效期限，从货物开票之日起，不得超过6个月。从提出赔偿要求之日起，责任方应在2个月内作出处理。铁路运输发货人或收货人根据铁路运输合同向铁路提出赔偿请求,以及铁路对发货人或收货人关于支付运送费用、罚款和赔偿损失的要求,可在 9 个月期间内提出;货物运到逾期的赔偿请求,应在 2 个月期间内提出。

(三) 水路货物运输保险

在国际货物买卖业务中,海上保险是一个不可缺少的条件和环节。其中业务量最大、涉及面最广的海上保险是海洋运输货物保险。海洋货物运输保险条款所承保的险别,分为基本险别和附加险别两类。海洋货物运输保险的基本险分为平安险、水渍险和一切险,附加险分为一般附加险和特殊附加险。

1. 基本险责任范围

在我国,平安险的责任范围主要有以下方面:

(1) 被保险的货物在运输途中由于自然灾害造成整批货物的全部损失或推定全损。

(2) 由于运输工具发生意外事故所造成的货物全部或部分损失。

(3) 在运输工具已经发生意外事故的情况下,货物在此前后又在海上遭受自然灾害所造成的部分损失。

(4) 在装卸或转运时由于一件或数件甚至整批货物落海所造成的全部或部分损失。

(5) 被保险人对遭受承保责任内的危险货物采取抢救、防止或减少货损的措施所支付的合理费用,但以不超过该批被毁货物的保险金额为限。

(6) 运输工具遭遇海难后,在避难港由于卸货引起的损失及在中途港或避难港由于卸货、存仓和运送货物所产生的特殊费用。

(7) 共同海损的牺牲、分摊和救助费用。

(8) 运输契约中如订有"船舶互撞责任"条款,则根据该条款规定应由货方偿还船方的损失。

投保水渍险后,保险公司除担负平安险的各项责任外,还对被保险货物如由于恶劣气候、雷电、海啸、地震等自然灾害所造成的部分损失负赔偿责任。

投保一切险后,保险公司除担负平安险和水渍险的各项责任外,还对被保险货物在运输途中由于外来原因而遭受的全部或部分损失,也负赔偿责任。

2. 基本险除外责任

(1) 被保险人的故意行为或过失所造成的损失。

(2) 属于发货人的责任所引起的损失。

(3) 在保险责任开始承担前,被保险货物已存在品质不良或数量短差所造成的损失。

(4) 被保险货物的自然损耗、本质缺陷、特性及市价跌落、运输延迟所引起的损失或费用。

(5) 战争险条款和罢工险条款所规定的责任及除外责任。

3. 附加险责任范围

一般附加险包括在一切险的责任范围内,凡已投保海运保险一切险的就无需加保任何一般附加险,但海运保险一切险并非一切风险造成的损失均予负责。特殊附加险的海运战争险的承保责任范围,包括由于战争、类似战争行为和敌对行为、武装冲突或海盗行为,以及由此引起的捕获、拘留、扣留、禁制、扣押所造成的损失;或者各种常规武器(包括水雷、鱼雷、炸弹)所造成的损失;以及由于上述原因引起的共同海损的牺牲、分摊和救助费用。但对原子弹、氢弹等热核武器所造成的损失不负赔偿责任。战争险的保险责任期限以水面危险为限,即自货物在起运港装上海轮或驳船时开始,直到目的海轮或驳船为止;如不卸离海轮或驳船,则从海轮到达到目的港的当天午夜起算满 15 天,保险责任自行终止。保险条款还规定,在投保战争险前提下,加保罢工险不另收费。

4. 附加险除外责任

为了明确保险人承保海运保险的责任范围,中国人民保险公司《海洋运输货物保险条款》中对海运基本险别的除外责任有下列五项:

(1) 被保险人的故意行为或过失所造成的损失。
(2) 发货人责任所引起的损失。
(3) 在保险责任开始前,被保险货物已以存在的品质不良或数量短差所造成的损失。
(4) 被保险货物的自然损耗、本质缺陷、特性以及市场跌落、运输延迟所引起的损失和费用。
(5) 战争险和罢工险条款规定的责任及其险外责任。空运、陆运、邮运保险的除外责任与海运基本险别的险外责任基本相同。

5. 被保险人的义务

在海洋货物运输保险中,被保险人也应按照以下规定的应尽义务办理有关事项,如因未履行规定的义务而影响保险人利益时,保险人对有关损失,有权拒绝赔偿。

(1) 当被保险货物运抵保险单所载明的目的港(地)以后,被保险人应及时提货,当发现被保险货物遭受任何损失,应即向保险单上所载明的检验、理赔代理人申请检验,如发现被保险货物整件短少或有明显残损痕迹应即向承运人、受托人或有关当局(海关、港务当局等)索取货损货差证明。如果货损货差是由于承运人、受托人或其他有关方面的责任所造成,并应以书面方式向他们提出索赔,必要时还须取得延长时效的认证。

(2) 对遭受承保责任内危险的货物,被保险人和本公司都可迅速采取合理的抢救措施,防止或减少货物的损失,被保险人采取此项措施,不应视为放弃委付的表示,本公司采取此项措施,也不得视为接受委付的表示。

(3) 如遇航程变更或发现保险单所载明的货物、船名或航程有遗漏或错误时,被保险人应在获悉后立即通知保险人并在必要时加缴保险费,本保险才继续有效。

(4) 在向保险人索赔时,必须提供下列单证:保险单正本、提单、发票、装箱单、磅码单、货损货差证明、检验报告及索赔清单。如涉及第三者责任,还须提供向责任方追偿的有关函电及其他必要单证或文件。

(5) 在获悉有关运输契约中"船舶互撞责任"条款的实际责任后,应及时通知保险人。

6. 海洋货物运输保险索赔时效

我国海商法规定,就海上货物运输向承运人要求赔偿的请求权,时效期间为 1 年,自承运人交付或者应当交付货物之日起计算;在时效期间内或者时效期间届满后,被认为负有责任的人应向第三人提起追偿请求,时效期间为 90 日。自追偿请求解决原赔偿请求之日起计算。有关航次租船合同的请求权,时效期间为 2 年,自知道或者应当知道权利被侵害之日起计算。

货物运输保险合同样本见表 8.1。

表 8.1　货物运输保险合同样本（适用于陆上货物运输及海洋货物运输）

货物运输保险合同

货物运输保险单

发票号码：＿＿＿＿＿＿＿＿

保险单号次：＿＿＿＿＿＿＿

中保财产保险有限公司（以下简称本公司）根据＿＿＿＿＿＿＿＿＿＿＿＿（以下简称为被保险人）的要求由被保险人向本公司缴付约定的保险费，按照本保险单承保险别和背后所载条款与下列条款承保下述货物运输保险，特立本保险单。

标记

包装及量：＿＿＿＿＿＿＿＿＿＿＿＿＿＿＿＿

保险货物项目：＿＿＿＿＿＿＿＿＿＿＿＿＿＿

保险金额：＿＿＿＿＿＿＿＿＿＿＿＿＿＿＿＿

总保险金额：＿＿＿＿＿＿＿＿＿＿＿＿＿＿＿

保费：＿＿＿＿＿＿＿＿＿＿　费率：＿＿＿＿＿＿＿＿＿＿　装载工具：＿＿＿＿＿＿＿＿＿＿

开航日期：自＿＿＿＿＿＿＿＿＿＿至＿＿＿＿＿＿＿＿＿＿

承保险别：＿＿＿＿＿＿＿＿＿＿＿＿＿＿＿＿

所保货物，如发生保险单项下可能引起索赔的损失或损坏，应立即通知本公司下述代理人查勘。如有索赔，应向本公司提交保险单正本（本保险单共有一份正本）及有关文件。

＿＿＿＿＿＿＿＿＿＿＿＿＿＿＿保险公司

赔款偿付地点：＿＿＿＿＿＿＿＿＿＿＿＿＿

出单公司地址：＿＿＿＿＿＿＿＿＿＿＿＿＿

中保财产保险有限公司公路货物运输保险条款保险标的范围

第一条　凡在国内经公路运输的货物均可为本保险之标的。

第二条　下列货物非经投保人与被保险人特别约定，并在保险单（凭证）上载明，不在保险标的范围以内：金银、珠宝、钻石、玉器、首饰、古币、古玩、古书、古画、邮票、艺术品、稀有金属等珍贵财产。

第三条　下列货物不在保险标的范围以内：蔬菜、水果、活牲畜、禽鱼类和其他动物。

保险责任

第四条　由于下列保险事故造成保险货物的损失和费用，保险人依照本条款约定负责赔偿：

（一）火灾、爆炸、雷电、冰雹、暴风、暴雨、洪水、海啸、地陷、崖崩、突发性滑坡泥石流；

（二）由于运输工具发生碰撞、倾覆或隧道、码头坍塌，或在驳运过程中因驳运工具遭受搁浅、触礁、沉没、碰撞；

（三）在装货、卸货或转载时因意外事故造成的损失；

（四）因碰撞、挤压而造成货物破碎、弯曲、凹瘪、折断、开裂的损失；

（五）因包装破裂致使货物散失的损失；

（六）液体货物因受碰撞或挤压致使所用容器（包括封口）损坏而渗漏的损失，或用液体保藏的货物因液体渗漏而造成该货物腐烂变质的损失；

（七）符合安全运输规定而遭受雨淋所致的损失；

（八）在发生上述灾害事故时，因纷乱造成货物的散失以及因施救或保护货物所支付的直接合理的费用。

续表 8.1

责任免除

第五条 由于下列原因造成保险货物的损失,保险人不负赔偿责任:

(一)战争、敌对行为、军事行动、扣押、罢工、暴动、哄抢;

(二)地震造成的损失;

(三)盗窃或整件提货不着的损失;

(四)在保险责任开始前,被保险货物已存在的品质不良或数量短差所造成的损失;

(五)被保险货物的自然损耗、本质缺陷、特性所引起的损失或费用;

(六)市价跌落、运输延迟所引起的损失;

(七)属于发货人责任引起的损失;

(八)投保人、被保险人的故意行为或违法犯罪行为;

第六条 经国家有关部门认定的违法、非法货物,保险人不负赔偿责任。

第七条 其他不属于保险责任范围的损失。

责任起讫

第八条 保险责任的起讫期是自签发保险凭证后,保险货物运离起运地发货人的最后一个仓库或储运处所时起,至该保险凭证上注明的目的地的收货人在当地的第一个仓库或储存处所时终止。但保险货物运抵目的地后,如果收货人未及时提货,则保险责任的终止期最多延长至保险货物卸离运输工具后的 15 天为限。

保险价值和保险金额

第九条 保险价值按货价或货价加运杂费确定。

保险金额按保险价值确定,也可以由保险双方协商确定。

投保人、被保险人的义务

第十条 被保险人如果不履行下述任何一条规定的义务,保险人有权终止保险责任或拒绝赔偿部分或全部经济损失。

第十一条 投保人、被保险人应当履行如实告知义务,如实回答保险人就保险标的或者投保人、被保险人的有关情况提出的询问。

第十二条 投保人在保险人或其代理人签发保险单(凭证)的同时,应一次缴清应付的保险费。

第十三条 投保人应当严格遵守国家及交通运输部门关于安全运输的各项规定,还应当接受并协助保险人对保险货物进行的查验防损工作,货物运输包装必须符合国家和主管部门规定的标准。

第十四条 保险货物如果发生保险责任范围内的损失时,投保人或被保险人获悉后,应迅速采取合理的施救和保护措施并立即通知保险人的当地机构(最迟不超过 10 天)。

赔偿处理

第十五条 被保险人向保险人申请索赔时,必须提供下列有关单证:

(一)保险单(凭证)、运单(货票)、提货单、发票(货价证明);

(二)承运部门签发的事故签证、交接验收记录、鉴定书;

(三)收货单位的入库记录、检验报告、损失清单及救护保险货物所支付的直接合理的费用单据;

(四)其他有利于保险理赔的单证。

保险人在接到上述索赔单证后,应当根据保险责任范围,迅速核定应否赔偿。赔偿金额一经保险人与被保险人达成协议后,应在 10 天内赔付。

续表 8.1

> 第十六条　保险货物发生保险责任范围内的损失时，按保险价值确定保险金额的，保险人应根据实际损失计算赔偿，但最高赔偿金额以保险金额为限；保险金额低于保险价值的，保险人对其损失金额及支付的施救保护费用按保险金额与保险价值的比例计算赔偿。保险人对货物损失的赔偿金额，以及因施救或保护货物所支付的直接合理的费用，应分别计算，并各以不超过保险金额为限。
>
> 第十七条　保险货物发生保险责任范围内的损失，如果根据法律规定或有关约定，应当由承运人或其他第三者负责赔偿一部分或全部的，被保险人应首先向承运人或其他第三者提出书面索赔，直至诉讼。被保险人若放弃对第三者的索赔，保险人不承担赔偿责任；如被保险人要求保险人先予赔偿，被保险人应签发权益转让书和应将向承运人或第三者提出索赔的诉讼书及有关材料移交给保险人，并协助保险人向责任方追偿。
>
> 由于被保险人的过错致使保险人不能行使代位请求赔偿权利的，保险人可以相应扣减保险赔偿金。
>
> 第十八条　保险货物遭受损失后的残值，应充分利用，经双方协商，可作价折归被保险人，并在赔款中扣除。
>
> 第十九条　被保险人从获悉保险货物遭受损失的次日起，如果经过 2 年不向保险人申请赔偿，不提供必要的单证，或者不领应得的赔款，则视为自愿放弃权益。
>
> 第二十条　被保险人与保险人发生争议时，协商解决，双方不能达成协议时，按（　）项办法处理：
> （一）提交仲裁机关仲裁；
> （二）向人民法院起诉。
>
> 其他事项
> 第二十一条　凡经公路与其他运输方式联合运输的保险货物，按相应的运输方式分别适用本条款及《铁路货物运输保险条款》、《水路货物运输保险条款》和《航空货物运输保险条款》。
>
> 第二十二条　凡涉及本保险的约定均采用书面形式

> **想一想**：如何拟一份海洋货物运输或者路上货物运输的保险合同？
>
> **小启示**：参考上文所学习的保险合同样本。

（四）航空货物运输保险

1. 航空货物运输保险的概念

航空货物运输保险是以航空运输过程中的各类货物为保险标的，当投保了航空货物保险的货物在运输途中因保险责任造成货物损失时，由保险公司提供经济补偿的一种保险业务。

2. 航空货物运输险保险标的范围

（1）凡在中国境内经航空运输的货物均可为本保险之标的。

（2）下列货物非经投保人与保险人特别约定，并在保险单（凭证）上载明，不在保险标的范围以内：金银、珠宝、钻石、玉器、首饰、古币、古玩、古书、古画、邮票、艺术品、稀有金属等珍贵财物。

（3）下列货物不在航空货物保险的保险标的范围以内：蔬菜、水果、活牲畜、禽鱼类和其他动物。

3. 航空货物运输险保险责任

由于下列保险事故造成保险货物的损失，保险人应该负航空货物保险赔偿责任：

（1）火灾、爆炸、雷电、冰雹、暴风、暴雨、洪水、海啸、地陷、崖崩。

（2）因飞机遭受碰撞、倾覆、坠落、失踪（在三个月以上），在危难中发生卸载以及遭受恶劣气候或其他危难事故发生抛弃行为所造成的损失。

（3）因受震动、碰撞或压力而造成破碎、弯曲、凹瘪、折断、开裂的损失。

（4）因包装破裂致使货物散失的损失。

（5）凡属液体、半流体或者需要用液体保藏的保险货物，在运输途中因受震动、碰撞或压力致使所装容器（包括封口）损坏发生渗漏而造成的损失，或用液体保藏的货物因液体渗漏而致保藏货物腐烂的损失。

（6）遭受盗窃或者提货不着的损失。

（7）在装货、卸货时和港内地面运输过程中，因遭受不可抗力的意外事故及雨淋所造成的损失。

4. 航空货物运输保险的期限

航空运输保险的保险责任是自保险货物经承运人收讫并签发保险单（凭证）时起，至该保险单（凭证）上的目的地的收货人在当地的第一个仓库或储存处所时终止。但保险货物运抵目的地后，如果收货人未及时提货，则保险责任的终止期最多延长至以收货人接到"到货通知单"以后的15天为限（以邮戳日期为准）。

5. 航空货物运输保险的除外责任

航空货物运输保险对下列损失不负赔偿责任：

（1）被保险人的故意行为或过失所造成的损失。

（2）属于发货人责任所引起的损失。

（3）保险责任开始前，被保险货物已存在的品质不良或数量短差所造成的损失。

（4）被保险货物的自然损耗、本质缺陷、特性以及市价跌落、运输延迟所引起的损失或费用。

（5）本公司航空运输货物战争险条款和货物及罢工险条款规定的责任范围和除外责任。

6. 被保险人的义务

被保险人应按照以下规定的应尽义务办理有关事项，如因未履行规定的义务而影响保险公司利益时，保险公司对有关损失有权拒绝赔偿。

（1）当被保险货物运抵保险单所载目的地以后，被保险人应及时提货，当发现被保险货物遭受任何损失，应即向保险单上所载明的检验、理赔代理人申请检验，如发现被保险货物整件短少或有明显残损痕迹，应即向承运人、受托人或有关当局索取货损货差证明。如果货损货差是由于承运人、受托人或其他有关方面的责任所造成，应以书面方式向他们提出索赔，必要时还须取得延长时效的认证。

（2）对遭受承保责任内危险的货物，应迅速采取合理的抢救措施，防止或减少货物损失。

（3）在向保险人索赔时，必须提供下列单证：

保险单正本、提单、发票、装箱单、磅码单、货损货差证明、检验报告及索赔清单，如涉及第三者责任还须提供向责任方赔偿的有关函电及其他必要单证或文件。

7. 航空货物运输保险索赔时效

根据《华沙公约》，航空货物损害的索赔时效是 7 天，货物延迟的索赔时效是 14 天。《海牙议定书》规定，航空货物损害索赔时效是 14 天，货物延迟的索赔时效是 21 天。

航空货物运输保险协议样本见表 8.2。

表 8.2 航空货物运输保险协议样本

航空货物运输保险协议

甲方：_____（以下简称为甲方）

乙方：_____（以下简称为乙方）

本协议所指货物运输保险内容如下：

甲方作为投保人向乙方投保国内航空运输一切保险。

被保险人：_____

货物价值确定方式：按当地市场发货价确定。

保险费率：_____‰ 免赔额：_____元（鲜活内免赔额：_____%）

一、保险责任范围

本保险为货物运输一切险。被保险货物遭受损失时，本保险按保险单上订明承保的声明价值进行全额赔偿。

1．被保险货物在运输途中遭受雷电、火灾、爆炸或由飞机遭受恶劣气候或其他危险事故而被抛弃，或由于飞机遭受碰撞、倾覆、坠落或失踪意外所造成的全部或部分损失。

2．被保险人对遭受承保责任内危险的货物采取抢救，防止或减少货损的措施而支付的合理费用，但以不超过该批被救货物的保险金额为限。

3．本保险还负责被保险货物由于外来原因所致的全部或部分损失。

二、除外责任

1．被保险人的故意行为或过失所造成的损失。

2．保险责任开始前，被保险货物已存在的品质不良或数量短差所造成的损失。

3．被保险货物的自然损耗、本质缺陷、特性以及市价跌落，运输延迟所引起的损失或费用。

4．本保险不负责赔偿由于敌对行为使用原子或热核制造的武器所致的损失和费用。

5．本保险不负责赔偿执政者，当权者或其他武装集团的扣押、拘留引起的运输途径的丧失和挫折而提出的任何索赔。

三、责任起讫

1．本保险负"仓至仓"责任，自被保险货物运离保险单所载明的起运地仓库或储存处所开始运输时生效，包括正常运输过程中的运输工具在内，直至该项货物运达保险单所载明目的收货人的最后仓库或储存处所或被保险人用作分配。分派或非正常运输的其他储存处所为止，如未运抵上述仓库或储存所，则以被保险货物在最后卸载地卸离飞机后满三十天为止。如在上述三十天内被保险的货物需转到非保险单载明的目的地时，则以该货物开始转运时终止。

2．由于被保险人无法控制的运输延迟、绕道、被迫卸货、重行装卸、转载或承运人运用运输契约赐予的权限所作的任何航行上的变更或终止运输契约，致使被保险货物运到非保险单所载目的地时，在被保险人及时将获知的情况通知保险人，并在必要时加缴保险费的情况下，本保险仍继续有效。保险责任按下述规定终止：

（1）被保险货物如在非保险单所载目的地出售，保险责任至交货时为止。但不论任何情况，均

续表8.2

以被保险的货物在卸货地卸离飞机后满三十天为止。

（2）被保险货物在上述三十天期限内继续运往保险单所载原目的地或其他目的地时，保险责任仍按照上述第1款的规定终止。

四、被保险人的义务

被保险人应按照以下规定的应尽义务办理有关事项，如因未履行规定的义务而影响本公司利益时，本公司对有关损失有权拒绝赔偿。

1．当被保险货物运抵保险单所载目的地以后，被保险人应及时提货。当发现被保险货物遭受任何损失，应即向保险单上所载明的检验、理赔代理人申请检验，如发现被保险货物整件短少或有明显残损痕迹，应即向承运人、受托人或有关当局索取货损货差证明。

2．对遭受承保责任内危险的货物，应迅速采取合理的抢救措施，防止或减少货物损失。

3．在向保险人索赔时，必须提供下列单证：保险单正本、提单、货损货差证明、检验报告及索赔清单。如涉及第三者责任还须提供向责任方追偿的有关函电及其他必要单证或文件。

五、索赔期限

本保险索赔时效，从被保险货物出险时开始。在单证齐全的情况下，十个工作日全部赔付完毕。如涉及公安机关立案侦查的情况下，从被保险货物在最后卸载地卸离飞机后起计算，公安机关出具相关手续后，最多赔付期限不超过三个月。经双方友好协商，现达到如下协议：

1．甲方需按发货计划，以每票逐一向乙方投保。在货物起运前，甲方需将货运单和发货声明价值及已填保单传真给乙方，乙方以收到传真货运保险单作为回执，承诺予以承保。逢周六、周日或节假日，甲方可以在休息日向保险公司传真，承诺予以承保，并录入电脑系统。

2．在货物起运前，如发生与上述保险内容不相一致的变更时，甲方需及时传真进行变更申请，以便乙方作相应的承保处理，以乙方接受传真变更的批单为准。

3．协议双方均需建立往来业务台账，留存每批货物原始资料，经核对无误后，甲方须提供货运保单正本，由甲方每月一次性结清保险费。

（1）货运单要按序号填开。

（2）保险单要按序号填开。

（3）甲方预交_____元保单代管责任金。

4．乙方须对甲方提出的任何投保咨询，有关的建议及时予以答复，必要时提出上门服务。

甲方联系人：_____

手机：_____

电话：_____

传真：_____

六、争议的处理

1．本合同受中华人民共和国法律管辖并按其进行解释。

2．本合同在履行过程中发生的争议，由双方当事人协商解决，也可由有关部门调解；协商或调解不成的，按下列第_____种方式解决：

（1）提交_____仲裁委员会仲裁；

（2）依法向_____人民法院起诉。

甲方（签章）：_____　　　　乙方（签章）：_____

日期：_____　　　　　　　　日期：_____

（五）邮包险

邮包险是指承保邮包通过海、陆、空三种运输工具在运输途中由于自然灾害、意外事故或外来原因所造成的包裹内物件的损失。邮包运输险的险别分为邮包险和邮包一切险。

1. 邮包险的责任范围

（1）被保险邮包在运输途中由于恶劣气候、雷电、海啸、地震、洪水自然灾害，或由于运输工具遭受搁浅、触礁、沉没、碰撞、出轨、坠落、失踪，或由于失火、爆炸意外事故所造成的全部或部分损失。

（2）被保险人对遭受承保责任内危险的货物采取抢救，防止或减少货损的措施而支付的合理费用，但以不超过该批被救货物的保险金额为限。

2. 邮包一切险的责任范围

除包括上述邮包险的各项责任外，本保险还负责被保险邮包在运输途中由于外来原因所致的全部或部分损失。

3. 邮包险的除外责任

邮包险对下列损失，不负赔偿责任：

（1）被保险人的故意行为或过失所造成的损失。

（2）属于发货人责任所引起的损失。

（3）保险责任开始前，被保险，邮包已存在的品质不良或数量短差所造成的损失。

（4）被保险邮包的自然损耗、本质缺陷、特性以及市价跌落、运输延迟所引起的损失和费有。

（5）保险公司邮包战争险条款和货物运输罢工险条款规定的责任范围和险外责任。

4. 被保险人的义务

被保险人应按照以下规定的应尽义务办理有关事项。如因未履行规定的义务而影响保险公司利益时，保险公司对有关损失有权拒绝赔偿。

（1）当被保险邮包运抵保险单所载目的地以后，被保险人应及时提取包裹，当发现被保险邮包遭受任何损失，应即向保险单上所载明的检验、理赔代理人申请检验。如发现被保险邮包整件短少或有明显残损痕迹，应即向邮局索取短、残证明，并应以书面方式向他们提出索赔，必要时还需取得延长时效的认证。

（2）对遭受承保责任内危险的邮包，应迅速采取合理的抢救措施，防止或减少货物损失，被保险人采取此项措施，不应视为放弃委付的表示，本公司采取此项措施，也不得视为接受委付的表示。

（3）在向保险人索赔时，必须提供下列单证：

保险单正本、邮包收据、发票、装箱单、磅码单、货损货差证明、检验报告及索赔单。如涉及第三者责任还须提供向责任方追偿的有关函电及其他必要单证或文件。

5. 邮包险索赔时效

邮包险索赔时效为从被保险邮包递交收件人时起算，最多不超过两年。

邮包货物运输保险协议书样本见表8.3。

表8.3　邮包货物运输保险协议书样本

货物运输保险协议书

单证协议　货物运输保险协议书

甲方：

乙方：

为方便乙方办理货物运输保险，确保特快专递邮件及乙方受委托发运的其他货物在运输过程中因遭受保险责任规定的自然灾害或意外事故而造成的经济损失得到及时补偿，经甲、乙双方协商订立本预约保险协议，在乙方向甲方缴付约定保险费后，甲方按以下协议列明事项承保乙方及其业务合作公司的国内、国际特快专递邮件及乙方受委托发运的其他货物运输保险：

一、被保险人：

以乙方所承运特快专递邮件及乙方受委托发送的其他货物的发、收货人为准。

二、保险标的：

乙方承运的所有特快专递邮件及乙方受委托发运的其他货物。

三、标的包装：

适合运输的相应的包装。

四、保险金额：

（一）年度内的总保险金额为 RMB800 000 000.00 元。

（二）每一邮政快件及货物的保险金额按以下两种方式确定：

（1）以申明价值作为保险金额：客户向乙方办理特快专递邮件及乙方受委托发运的其他货物时，已申明价值的，则以申明价值作为保险金额。

（2）以固定金额作为保险金额：客户向乙方办理特快专递邮件及乙方受委托发运的其他货物时，未申明价值的，则以每件人民币 500 元作为该件的保险金额。

五、保险条件：

（一）条款及险种：本协议甲方按《邮包一切险》（见附件一）承担保险责任。

（二）保险费率：在上述预计年度内总保险金额情况下保险费率按 0.05% 计算。如实际保险金额超过上述保险金额，乙方需按上述费率和实际保险金额结算保险费。

六、保险金额的提供：

每日由乙方以传真方式向甲方提供前日汽车、飞机、火车及 EMS 方式的货运总保险额。

国际业务及国内业务保险金额在 20 万元以上的特快专递邮件及乙方受委托发送的其他货物，乙方则须以《启运投保清单》方式在承运后 48 小时内书面通知甲方。

七、保险费交付结算方式：

年度保险费分四期预付。本协议生效后，乙方在每季度初向甲方缴付保险费人民币 10 万元（壹拾万元）。保险费年底结算，如果年保险费不足 10 万元，不退费。如果年保险费超过 40 万元，乙方补缴。

八、免赔额：无

九、保险责任起讫：

本保险责任，自乙方办理所承运特快专递邮件及乙方受委托发运的其他货物收讫手续时开始生效，直至乙方根据承运合同将特快专递邮件及乙方受委托发运的其他货物运达本保险单所载目的地收货人时终止，或目的地邮局、邮政快递公司及受乙方委托的社会物流企业签发到货通知书

续表 8.3

当日零时起算满十五日终止。但在此期限内一经承运合同列明的收货人签收,保险责任即行终止。

十、运输路线:

乙方应以审慎方式选择运输方式及运输线路。

十一、运输工具

以火车、飞机、汽车及 EMS 方式。

十二、保险限额:

甲方在本协议方式下的保险限额以每一运输工具(汽车)或每一批次货物(火车、飞机)最高不超过:

(一)RMB500 万元为准。如乙方在每一运输工具(汽车)或每一批次(飞机、火车)运输货物超过 RMB500 万元,乙方应在运出货物前以书面方式通知甲方,以方便甲方及时安排分保。

(二)RMB1 000 万元为准。如乙方在每一运输工具(汽车)或每一批次(飞机、火车)运输货物超过 RMB1 000 万元,乙方应在运出货物前两个工作日以书面方式通知甲方,以便甲方及时安排分保。

十三、出险索赔:

当保险货物发生保险责任范围内的损失时,投保人或被保险人一经获悉,应立即通知保险人,同时需提交承运合同、价值证明及其相关索赔单证,包括国家相关职能部门的事故证明、损失鉴定等能证明损失状况的单证,并在双方达成赔付协议后 10 日内予以赔付。

对未申明价值的特快专递邮件及乙方受委托发运的其他货物,甲方按实际价值计算赔偿,但对该特快专递邮件及乙方受委托发运的其他货物赔偿额最高不超过人民币 500 元。对申明价值的货物,如申明价值高于实际价值,按实际申明价值和实际价值的比例计算赔偿,但最高不超过申明价值。

十四、附:每日结算清单传真

附件一:邮包险条款

一、责任范围

本保险分为邮包险和邮包一切险两种。被保险货物遭受损失时,本保险按保险单上订明承保险别的条款规定,负赔偿责任。

(一)邮包险

本保险负责赔偿:

1.被保险邮包在运输途中由于恶劣气候、雷电、海啸、地震、洪水自然灾害,或由于运输工具遭受搁浅、触礁、沉没、碰撞、倾覆、出轨、坠落、失踪,或由于失火、爆炸意外事故所造成的全部或部分损失。

2.被保险人对遭受保责任内危险的货物采取抢救、防止或减少货损的措施而支付的合理费用,但以不超过该批救货物的保险金额为限。

(二)邮包一切险

除包括上述邮包险的各项责任外,本保险还负责被保险邮包在运输途中由于外来原因所致的全部或部分损失。

二、除外责任

本保险对下列损失不负赔偿责任:

续表 8.3

（一）被保险人的故意行为或过失所造成的损失。

（二）属于发货人责任所引起的损失。

（三）在保险责任开始前，被保险邮包已存在的品质不良或数量短差所造成的损失。

（四）被保险邮包的自然损耗、本质缺陷、特性以及市价跌落、运输延迟所引起的损失或费用。

（五）本公司邮包战争险条款和货物运输罢工险条款规定的责任范围和除外责任。

三、责任起讫

本保险责任自被保险邮包离开保险单所载起运地点寄件人的处所运往邮局时开始生效，直至该项邮包运达本保险单所载目的地邮局，自邮局签发到货通知书当日午夜起算满十五天终止。但在此期限内邮包一经递交至收件人的处所时，保险责任即行终止。

四、被保险人的义务

被保险人应按照以下规定的应尽义务办理有关事项，如因未履行规定的义务而影响本公司利益时，本公司对有关损失有权拒绝赔偿。

（一）当被保险邮包运抵保险单所载明的目的地以后，被保险人应及时提取包裹，当发现被保险邮包遭受任何损失，应即向保险单上所载明的检验、理赔代理人申请检验。如发现被保险邮包整件短少或有明显残损痕迹，应即向邮局索取短、残证明，并应以书面方式向他们提出索赔，必要时还须取得延长时效的认证。

（二）对遭受承保责任内危险的邮包，应迅速采取合理的抢救措施，防止或减少邮包的损失，被保险人采取此项措施，不应视为放弃委付的表示，本公司采取此项措施，也不得视为接受委付的表示。

（三）在向保险人索赔时，必须提供下列单证：

保险单正本、邮包收据、发票、装箱单、磅码单、货损货差证明、检验报告及索赔清单。如涉及第三者责任，还须提供向责任方追偿的有关函电及其他必要单证或文件。

五、索赔期限

本保险索赔时效，从被保险邮包递交收件人时起算，最多不超过二年。

报表样本：

发送货物日报表

备注：裸装、旧设备、玻璃及陶瓷制品、私人物品、家具、瓶装及桶装液体只承保路运基本险。

投保人签章：

二、案例分析

（一）案例内容

某远洋运输公司的"东风轮"在 6 月 28 日满载货物起航，出公海后由于风浪过大偏离航线而触礁，船底划破长 2 米的裂缝，海水不断渗入。为了船货的共同安全，船长下令抛掉 A 舱的所有钢材并及时组织人员堵塞裂缝，但无效果。为使船舶能继续航行，船长请来救援队施救，共支出 5 万美元施救费。船修好后继续航行，不久又遇恶劣气候，入侵海水使 B 舱底层货物严重受损，甲板上的 2 000 箱货物也被风浪卷入海里。

（二）分　析

案例中的损失各属什么性质的损失？投保何种险别的情况下保险公司给予赔偿？

（三）评　价

评分表

小组成员					
活动主题	海洋运输纠纷案例分析				
评价标准	具体内容	分值	小组自评分	小组互评分	教师评分
	讨论积极	30			
	图片广泛、精美	40			
	讲解生动	30			
	合计	100			
	教师评语				

本模块小结

通过本模块的学习，了解运输纠纷的解决途径，了解运输保险的含义及各运输保险的责任范围、除外责任、索赔时效、被保险人义务等。

运输纠纷是在运输过程中由于合同双方当事人的原因造成的没有按合同规定履行义务的行为。运输纠纷解决的途径有：协商谈判、调解、仲裁、民事诉讼。

货物运输保险是指被保险人（买方或卖方）向保险人（保险公司）按一定的金额投保一定的险别，并根据一定的保险费率交纳保险费，保险人承保后，对于被保险货物在运输途中发生的承保范围内的损失给予经济补偿。

拓展阅读

2010年3月14日，某市果品公司（以下简称托运方）委托某地区航运队（以下简称承运方)"普航二号"船，由某港承运广柑738吨至某港。3月26日，普航二号船抵达目的港，在卸货时，发现广柑被船上混装的酱汁污染，造成大批广柑霉烂变质，共计损失36 720元。托运方与承运方协商，未获解决，托运方于2010年3月31日向市经济合同仲裁委员会申请仲裁。

　　托运方诉称，"承运方违反了水路运输途中配载货物的规定，在我方装载广柑的舱位又混装了酱汁，致使广柑受到酱汁的污染霉烂变质，给我方造成36 720元的损失，我方要求承运方予以赔偿。"

　　承运方在答辩中否认货物配装不当，其辩称由于在水路航运途中遇到大风，船体倾斜，虽然采取了抢救措施，但终因人力不及，造成部分货物移动，少数和酱汁桶被撞裂漏汁，污染了广柑。根据《经济合同法》第41条有关免责的规定，在遇到不可抗力的情况时，承运人是可以免除责任的。

　　仲裁委员会通过审理查明：3月14日，承运方由某港启运后即在海上遇到大风，船行至某港避风。在避风期间，承运方在装载广柑的舱位混装了20桶酱汁。3月18日，船从某港起航，26日抵达目的港。据气象部门资料记载，3月18日至3月26日，海面风力为4~6级。经船舶检验部门鉴定，"普航二号"船除遇7级以上大风外均可航行。那么污染事故系不可抗力造成的说法是不成立的。如果承运方遵守水路航运的规章制度，合理配载，不混装货物，便可以避免这起广柑污染事故。恰恰由于承运方的错误，导致污染事件的发生。因此，作为有过错的承运方当事人是不能免除责任的。由于承运方配载货物不当，致使广柑污染霉烂，给托运方造成36 720元的货损，应由承运方赔偿，并退还托运方运杂费。

思考与练习

一、单项选择题

1．因公路运输的纠纷要求赔偿的有效期限，从货物开票之日起，不得超过（　　　）。
　　A．8个月　　　　B．6个月　　　　C．2个月　　　　D．12个月

2．下列哪个货物可以投保航空货物保险？（　　　）
　　A．蔬菜　　　　B．水果　　　　C．活牲畜、禽鱼类　　　　D．衣物

3．邮包险索赔时效为从被保险邮包递交收件人时起算，最多不超过（　　　）。
　　A．6个月　　　　B．12个月　　　　C．24个月　　　　D．36个月

4．下列除（　　　）外，其他险种均属于海洋货物运输保险的基本险。
　　A．平安险　　　　B．水渍险　　　　C．一切险　　　　D．附加险

5．运输纠纷是在运输过程中由于合同（　　　）当事人的原因造成的没有按合同规定履行义务的行为。
　　A．单方　　　　B．双方　　　　C．签订方　　　　D．拟定方

6．协商谈判，也称一般性（　　　）谈判。
　　A．商业　　　　B．工业　　　　C．农业　　　　D．副业

7．调解是指在（　　　）支持下，以国家法律、法规、规章和政策以及社会工德为依据，对争议双方进行斡旋、劝说，促使他们互相谅解、进行协商，自愿达成协议，消除纷争的活动。

A. 合同拟定方　　　B. 签约方　　　C. 双方　　　D. 第三方

8. 一般附加险包括在一切险的责任范围内，凡已投保海运保险一切险的（　　）加保任何一般附加险，但海运保险一切险并非一切风险造成的损失均予负责。

A. 需要　　　B. 无需　　　C. 有时需要　　　D. 均需

9. 航空货物运输保险是以航空运输过程中的各类货物为保险标的，当投保了航空货物保险的货物在运输途中因（　　）责任造成货物损失时，由保险公司提供经济补偿的一种保险业务。

A. 飞机　　　B. 人员失误　　　C. 保险　　　D. 天气

10.（　　）是合同谈判的前提和基础，包括一般性会见、访问交流、意向性谈判等。

A. 协商谈判　　　B. 预约谈判　　　C. 商洽谈判　　　D. 商讨谈判

二、多项选择题

1. 下列属于运输纠纷的是（　　）

A. 货损、货差纠纷　　B. 货物延迟交付纠纷　　C. 单证纠纷　　D. 货物灭失纠纷

2. 仲裁应符合的条件（　　）。

A. 有仲裁协议
B. 有具体的仲裁请求和事实、理由
C. 属于仲裁委员会的受理范围
D. 不需要法院判处

3. 民事诉讼审判程序可以分为（　　）等。

A. 第一审普通程序　　B. 简易程序　　C. 第二审程序　　D. 特别程序

4. 陆运险对于下列损失不负责赔偿（　　）。

A. 被保险人的故意行为或过失所造成的损失
B. 属于发货人责任所引起的损失
C. 在保险责任开始前，被保险货物已经存在的品质不良或数量短差所造成的损失
D. 被保险货物的自然损耗、本质缺陷、特性以及市价跌落、运输延迟所引起的损失和费用

5. 航空货物运输保险对下列损失不负赔偿责任（　　）。

A. 被保险人的故意行为或过失所造成的损失
B. 属于发货人责任所引起的损失
C. 保险责任开始前，被保险货物已存在的品质不良或数量短差所造成的损失
D. 被保险货物的自然损耗、本质缺陷、特性以及市价跌落、运输延迟所引起的损失或费用

三、填空题

1. 运输纠纷的发生既有_____的原因，也有托运人的原因。

2. 运输纠纷解决的途径有_____、_____、_____、_____。

3. _____是陆上运输货物保险的附加险。

4. 铁路运输发货人或收货人根据铁路运输合同向铁路提出赔偿请求，以及铁路对发货人或收货人关于支付运送费用、罚款和赔偿损失的要求，可在____个月期间内提出；货物运到逾期的赔偿请求，应在____个月期间内提出。

5. 海洋货物运输保险条款所承保的险别，分为_____别和_____别两类。

6．邮包险是指承保邮包通过____、____、____三种运输工具在运输途中由于_____、_____或外来原因所造成的包裹内物件的损失。

四、简答题

1．什么是调解？调解的类型有哪些？
2．海洋货物运输的基本险除外责任有哪些？
3．陆运险的责任范围有哪些？

参考文献

[1] 余霞，石贵舟. 运输作业实务[M]. 北京：人民邮电出版社，2012.
[2] 翟光明. 运输作业实务[M]. 北京：中国物资出版社，2006.
[3] 刘小卉. 运输管理学[M]. 上海：复旦大学出版社，2005.
[4] 梁金萍. 物流管理[M]. 北京：机械工业出版社，2010.
[5] 刘志学. 现代物流手册[M]. 北京：中国物资出版社，2001.
[6] 陈志红. 运输实务[M]. 北京：人民交通出版社，2005.
[7] 魏娟. 道路货物运输组织[M]. 北京：经济管理出版社，2012.
[8] 秦明森. 物流技术手册[M]. 北京：中国物资出版社，2002.
[9] 彭秀兰. 道路运输管理实务[M]. 北京：机械工业出版社，2010.
[10] 方晓平，毛成辉. 交通运输企业管理[M]. 湖南：中南大学出版社，2012.
[11] 苗长川，杨爱花. 运输管理[M]. 北京：北京交通大学出版社，2012.
[12] 王俭廷，李桂英. 公路物流运营实务[M]. 北京：中国财富出版社，2008.